AS PULSÕES E SEUS DESTINOS

PARA LER FREUD
Organização de Nina Saroldi

AS PULSÕES E SEUS DESTINOS
Do corporal ao psíquico

Por Joel Birman

10ª edição

CIVILIZAÇÃO BRASILEIRA

Rio de Janeiro
2023

Copyright © Joel Birman, 2009

Capa e Projeto gráfico de miolo
Gabinete de Artes/Axel Sande

Diagramação
Abreu's System

CIP-BRASIL. CATALOGAÇÃO-NA-FONTE
SINDICATO NACIONAL DOS EDITORES DE LIVROS, RJ

B521p   Birman, Joel, 1946-
10ª ed.   As pulsões e seus destinos: do corporal ao psíquico / Joel Birman. – 10ª ed. – Rio de Janeiro: Civilização Brasileira, 2023.
-(Para ler Freud)

Inclui bibliografia
ISBN 978-85-200-0855-3

1. Psicanálise. 2. Freud, Sigmund, 1856-1939. 3. Teoria das pulsões. 4. Metapsicologia. I. Título.

09-0327.   CDD: 150.1952
                                                                          CDU: 159.964.2

Todos os direitos reservados. Proibida a reprodução, armazenamento ou transmissão de partes deste livro, através de quaisquer meios, sem prévia autorização por escrito.

Texto revisado segundo o novo Acordo Ortográfico da Língua Portuguesa.

Direitos desta edição adquiridos
EDITORA CIVILIZAÇÃO BRASILEIRA
Um selo da
JOSÉ OLYMPIO EDITORA
Rua Argentina, 171 – 20921-380 – Rio de Janeiro, RJ – Tel.: (21) 2585-2000

Atendimento e venda direta ao leitor:
sac@record.com.br

Impresso no Brasil
2023

SUMÁRIO

Apresentação da coleção 9
Prefácio 13
Introdução 19

Capítulo I – Escritos Metapsicológicos 21
Achados e perdidos 21
Neologismo 24

Capítulo II – O Que É a Metapsicologia? 28
A psicologia e a ciência 28
Crítica da psicologia 34
O sujeito no além da psicologia 40
Histeria e anatomoclínica 46
Discurso e intensidades: a nova da cena clínica 52
Tópica, dinâmica e economia 59

Capítulo III – Epistemologia Freudiana 62
Abertura epistemológica 62
Epistemologia e história das ciências 63
A epistemologia e o estilo do discurso freudiano 66
Cientificidade em questão 67
Formação do discurso científico 71

Capítulo IV – A Pulsão 76

Força constante e força de impacto momentâneo 76

Interior e exterior 80

Excitação mínima 82

Aparelho psíquico e domínio das excitações 88

No limite 92

Montagem e circuito 98

Sexualidade e eu 104

Capítulo V – Destinos 116

Do organismo ao corpo 116

Conceito fundamental 119

O outro 124

Autoerotismo 127

Inversão no contrário e retorno sobre a própria pessoa 131

Sadismo e masoquismo 132

Exibicionismo e voyeurismo 137

Ambivalência e coexistência 139

Genealogia do eu 141

Conclusão 147

Bibliografia 149

Cronologia de Sigmund Freud 156

Outros títulos da coleção Para Ler Freud já publicados 161

Para todos os alunos que acompanharam os meus cursos sobre a "Teoria das Pulsões", provocados pelo desejo de saber ao compartilharem as minhas perplexidades, dúvidas, contradições e paradoxos na leitura de Freud.

APRESENTAÇÃO DA COLEÇÃO

Em 1939, morria em Londres Sigmund Freud. Hoje, passadas tantas décadas, cabe perguntar por que ler Freud e, mais ainda, qual a importância de lançar uma coleção cujo objetivo é despertar a curiosidade a respeito de sua obra.

Será que vale a pena ler Freud porque ele criou um campo novo do saber, um ramo da psicologia situado entre a filosofia e a medicina, batizado de psicanálise?

Será que o lemos porque ele criou, ou reinventou, conceitos como os de inconsciente e recalque, que ultrapassaram as fronteiras do campo psicanalítico e invadiram nosso imaginário, ao que tudo indica, definitivamente?

Será que devemos ler o mestre de Viena porque, apesar de todos os recursos farmacológicos e de toda a ampla oferta de terapias no mercado atual, ainda há muitos que acreditam na existência da alma (ou de algo semelhante) e procuram o divã para tratar de suas dores?

Será que vale ler Freud porque, como dizem os que compartilham sua língua-mãe, ele é um dos grandes estilistas da língua alemã, razão pela qual recebeu, inclusive, o prêmio Goethe?

Será que seus casos clínicos ainda são lidos por curiosidade "histórico-mundana", para conhecer as "bizarrices" da burguesia austríaca do final do século XIX e do início do século XX?

Será que, em tempos narcisistas, competitivos e exibicionistas como os nossos, é reconfortante ler um investigador que não tem medo de confessar seus fracassos e que elabora suas teorias de modo sempre aberto à crítica?

Será que Freud é lido porque é raro encontrar quem escreva como se conversasse com o leitor, fazendo dele, na verdade, um interlocutor?

É verdade que, tanto tempo depois da morte de Freud, muita coisa mudou. Novas configurações familiares e culturais e o progresso da tecnociência, por exemplo, questionam suas teorias e põem em xeque, sob alguns aspectos, sua relevância.

Todavia, chama a atenção o fato de, a despeito de todos os anestésicos — químicos ou não — que nos protegem do contato com nossas mazelas físicas e psíquicas, ainda haver gente que se disponha a deitar-se num divã e simplesmente falar, falar, repetir e elaborar, extraindo "a seco" um sentido de seu desejo para além das fórmulas prontas e dos consolos que o mundo consumista oferece — a partir de 1,99.

Cada um dos volumes desta coleção se dedica a apresentar um dos textos de Freud, selecionado segundo o critério de importância no âmbito da obra e, ao mesmo tempo, de seu interesse para a discussão de temas contemporâneos na psicanálise e fora dela. Exceção à regra são os três volumes temáticos — histeria, neurose obsessiva e complexo de Édipo —, que abordam, cada um, um espectro de textos que seriam empobrecidos se comentados em separado. No volume sobre a histeria, por exemplo, vários casos clínicos e artigos são abordados, procurando refazer o percurso do tema na obra de Freud.

A cada autor foi solicitado que apresentasse de maneira didática o texto que lhe coube, contextualizando-o na obra, e que, num segundo momento, enveredasse pelas questões que ele suscita em nossos dias. Não necessariamente psicanalistas, todos têm grande envolvimento com a obra de Freud, para além das orientações institucionais ou políticas que dominam os meios psicanalíticos. Alguns já são bem conhecidos do leitor que se interessa por psicanálise; outros são professores de filosofia ou de áreas afins, que fazem uso da obra de Freud em seus respectivos campos do saber. Pediu-se, na contramão dos tempos narcisistas, que valorizassem Freud por si mesmo e encorajassem a leitura de sua obra, por meio da arte de escrever para os não iniciados.

A editora Civilização Brasileira e eu pensamos em tudo isso ao planejarmos a coleção, mas a resposta à pergunta "por que ler Freud?" é, na verdade, bem mais simples: porque é muito bom ler Freud.

NINA SAROLDI
Organizadora da coleção

PREFÁCIO

Este volume aborda o primeiro ensaio da chamada "metapsicologia" freudiana, conjunto de artigos composto por "Luto e melancolia"*, "O recalque", "O inconsciente" e "Complemento metapsicológico à teoria dos sonhos".

Esses artigos trabalham hipóteses teóricas que permitem fundamentar a psicanálise como novo campo do saber. Em "As pulsões e seus destinos", por exemplo, Freud trabalha um dos conceitos fundamentais a partir do qual se erguerá a teoria psicanalítica. Como escreve Joel Birman, as afirmações de Freud nesse artigo transformaram-se praticamente em axiomas da teoria.

Freud apresenta a pulsão como um conceito-limite, algo que reside na fronteira entre o que é próprio do corpo, o somático, e o que é da alma, o psíquico. A pulsão é um representante psíquico de estímulos corporais; é uma exigência de trabalho psíquico decorrente da ligação entre o corpo e a alma. A pulsão para Freud é uma espécie de "prima" do que a biologia denomina genericamente "instinto", mas, diferentemente deste, afasta o homem da mera pos-

---
* *Luto e melancolia — à sombra do espetáculo* é um dos volumes publicados na coleção. O volume referente a *O inconsciente* está no prelo.

sibilidade de satisfação direta das suas necessidades fisiológicas, bem como do encontro com objetos da realidade externa que se encaixem perfeitamente a suas demandas internas.

Os destinos possíveis da pulsão — a transformação em seu contrário, o retorno sobre a própria pessoa, o recalque e a sublimação —, podemos dizer, tornam o caminho do homem em direção à satisfação de suas necessidades muito menos óbvio do que o caminho de nossos "irmãos" animais. A natureza da pulsão dá ao homem, em sua lida diária em busca do prazer e na fuga do desprazer, uma plasticidade de limites muito extensos. Só o homem, no reino animal, faz greve de fome e voto de castidade, por exemplo. Além disso, conforme Freud ensinou de diversas maneiras ao longo de sua obra, o ser humano é marcado por um dualismo pulsional incontornável. Esta elaboração alcançará seu ápice em *Além do princípio do prazer*,[1] de 1920, texto em que Freud trata da relação entre as pulsões de vida e a pulsão de morte.

O termo alemão *Trieb*, usado por Freud nesse texto, é um dos que geraram mais polêmica em torno de sua tradução, na medida em que a opção por um ou outro termo implica diferentes leituras do texto. Ingleses e americanos optaram, em geral, por *instinct* (instinto), no que foram seguidos pela tradução brasileira da Standard Edition inglesa.

---

[1] *Além do princípio do prazer — um dualismo incontornável* é um dos volumes já publicados na coleção.

No entanto, a grande influência da psicanálise francesa (especificamente a dos seguidores de Jacques Lacan) no Brasil fez com que, a despeito da tradução da Standard Edition inglesa, na linguagem corrente dos psicanalistas brasileiros — e em traduções mais recentes — o termo oriundo da tradução francesa "pulsão" (*pulsion*) fosse adotado. No momento em que a obra de Freud entra em domínio público (2010), certamente essas discussões ganharão fôlego renovado.

Joel Birman, professor e psicanalista de notável produtividade na área, situa o artigo "As pulsões e seus destinos" na obra de Freud e nos auxilia na compreensão deste conceito tão fundamental. Aprendemos com ele que a problemática das pulsões em Freud antecede a publicação do artigo em questão, pois já aparece em *Três ensaios sobre a teoria da sexualidade* (1905) ou mesmo antes, se nos voltamos para os primórdios da discussão da "dimensão intensiva do psiquismo". Além disso, o autor considera imperioso esclarecer as referências contemporâneas ao texto que para nós, leitores do século XXI, já são demasiado distantes ou desconhecidas.

Joel Birman mostra como a metapsicologia, um neologismo criado por Freud, configura uma crítica à psicologia e às suas amarrações, por um lado à psicofísica da escola de Wilhelm Wundt (meados do século XIX), que pretendia fazer da nova ciência uma ciência experimental, por outro à tradição metafísica do sujeito cartesiano, inaugurada por René Descartes no século XVII e viva e influente até o século XIX. Esta tradição considerava o pensamento a principal atividade psíquica do homem, de modo que o sujeito seria centrado na consciência e no eu. Indo além da psicologia — o prefixo "meta" em "metapsicologia" indica isso —, Freud não eliminaria o registro da consciência, evidentemente, mas alargaria o escopo do aparelho psíquico e indicaria a dependência da consciência e do eu em relação a outra instância psíquica, o *inconsciente*.

Birman destaca a importância da histeria para a constituição da psicanálise e da metapsicologia por Freud. A histeria denunciava, de maneira gritante, as limitações da anatomoclínica como solo de trabalho seguro para os médicos. A variedade e a volatilidade dos sintomas histéricos romperia com a relação até então estabelecida pela medicina entre lesão anatômica visível e sintoma.

Joel Birman salienta que é a epistemologia o mote orientador do trabalho de Freud na metapsicologia, ao analisar a própria abertura do artigo investigado e as indicações dadas por ele em outros escritos. O criador da psicanálise estava preocupado, no momento em que as ciências da natureza capitaneadas pela física davam as cartas no campo da ciência, com a possibilidade de sustentar a psicanálise cientificamente. Ao longo do exame do artigo das pulsões, Birman evidenciará que um dos pressupostos epistemológicos da psicanálise, seu apoio no mundo da experiência, seria a referência à clínica. Foi o saber acumulado nas jornadas no consultório que permitiu a Freud responder aos imperativos teóricos do neopositivismo e do empirismo lógico de seu tempo. Só com isso a psicanálise poderia aspirar a ser reconhecida como um discurso científico e não como mais um discurso metafísico.

O autor mostra como Freud precisou aludir à fisiologia, já bem estabelecida como ciência experimental, para poder fundar a psicanálise na sua especificidade teórica. Para isso foi preciso distinguir, no organismo, excitação pulsional de excitação fisiológica. O conceito de pulsão serviria ainda para diferenciar efetivamente o que ocorria no interior do organismo — e que atuava como uma força de impacto constante — do que lhe viria de fora, como estímulo do mundo externo.

No rigoroso e didático percurso que faz na montagem e no circuito da pulsão — que envolvem impulso, alvo, objeto e fonte das mesmas —, o autor observa que a variação e a multiplicidade do objeto da pulsão reforçam a ruptura entre o registro biológico e o pulsional. A teoria das pulsões exige que a ordem vital e o instinto, matérias da biologia, sejam ultrapassadas, para que se erija um discurso propriamente metapsicológico.

Depois de analisar as polaridades apontadas por Freud na vida psíquica — sujeito (eu)/objeto (mundo externo); prazer/desprazer; atividade/passividade — e suas relações com o destino das pulsões, Joel Birman conclui que a psicanálise não poderia ser classificada como uma psicologia do desenvolvimento que concebe "o ser psíquico de forma regular e evolutiva". A partir de Freud, e de acordo com a leitura de Joel Birman, fica evidente o quanto o sujeito para o qual a psicanálise se volta é marcado pela ambivalência e pela coexistência das diversas etapas do circuito da pulsão, diferentemente do sujeito unívoco e crente em si mesmo que uma parte da psicologia herdou de Descartes.

NINA SAROLDI

INTRODUÇÃO

O que está presente neste texto é uma leitura sintética, mas pormenorizada, ao mesmo tempo, que se pretende realizar do ensaio de Freud intitulado "As pulsões e seus destinos". Assim, vou percorrer esse ensaio passo a passo, procurando colocar em destaque não apenas as suas diversas passagens, como também as suas inflexões teóricas fundamentais. Vou colocar em evidência as suas proposições mais importantes, que se transformaram posteriormente *quase* em *axiomas* do pensamento psicanalítico. Por isso mesmo, foi necessário fazer certos comentários ao longo da exposição, para contextualizar devidamente o que foi enunciado por Freud.

Não obstante Freud ser bastante claro e preciso na sua escrita, o ensaio exige hoje ser comentado, completados quase cem anos de sua primeira publicação. Isto porque foi preciso evidenciar e localizar historicamente muitos dos diversos enunciados freudianos aqui presentes, o que não seria sempre necessário para o leitor contemporâneo da época em que surgiu o texto em questão. Portanto, o que poderia tornar enigmática, em certas passagens e inflexões teóricas cruciais, a leitura deste ensaio de Freud seria não a clareza e a elegância da exposição, mas a *distância histórica* entre o campo de sua formulação conceitual e nossa atualidade.

Além disso, procurei situar devidamente, ao longo de toda a leitura desse ensaio de Freud, a sua posição teórica precisa no campo geral da obra. Isto porque a problemática da pulsão em psicanálise não se iniciou rigorosamente em "As pulsões e seus destinos" (1915), mas nos "Três ensaios sobre a teoria da sexualidade" (1905). Se quisermos ser teoricamente ainda mais rigorosos, podemos afirmar que os primórdios da problemática da pulsão no discurso freudiano se encontram já no "Projeto de uma psicologia científica" (1895), quando a dimensão intensiva do psiquismo foi anunciada. Desde então os *rastros* e *vestígios* dessa problemática podem ser devidamente sublinhados. Além disso, as inflexões teóricas sobre as pulsões, presentes no ensaio de 1915, se desdobraram nas teses de *Além do princípio do prazer* (1920). Procurei, assim, num movimento teórico contínuo de idas e vindas, percorrendo no tempo a história discursiva do pensamento de Freud e a constituição teórica da metapsicologia, situar e precisar devidamente a especificidade dos conceitos que foram aqui enunciados, em relação aos que historicamente lhes antecederam e lhes sucederam. Tudo isso em nome do rigor teórico da leitura aqui empreendida, é claro.

Finalmente, num dos capítulos deste livro procurei situar especificamente o significado semântico e teórico do conceito de metapsicologia. Procedi dessa maneira porque, como "As pulsões e seus destinos" é o ensaio inicial da obra intitulada *Metapsicologia*, achei por bem esboçar o sentido daquela palavra e a conceituar no pensamento de Freud, para oferecer ao leitor um *solo* e um *fundamento* seguros para a leitura do ensaio em questão.

Iniciemos então esse percurso teórico e essa aventura intelectual, sem mais delongas.

CAPÍTULO I – ESCRITOS METAPSICOLÓGICOS

Achados e perdidos

A proposição básica deste livro é a realização de *uma* leitura de um ensaio muito importante de Freud, que foi publicado sob o título de "As pulsões e seus destinos". Escrito em 1915, esse ensaio é a abertura de uma obra maior na qual se inscrevem ainda quatro outros ensaios. Esses foram intitulados "O recalque", "O inconsciente", "Complemento metapsicológico à teoria do sonho" e "Luto e melancolia", respectivamente. Todos esses ensaios foram também escritos em 1915. A esse conjunto Freud denominou de *Metapsicologia*,[1] que é o título do livro em questão.

Ao que tudo indica, Freud escreveu esses ensaios com muita rapidez e fluência. Do início de seu percurso, em março de 1915, a seu término, em 4 de maio de 1915, transcorreram menos de três meses. Numa carta a Karl Abraham, datada de 4 de maio de 1915, Freud disse que os cinco artigos estavam já devidamente concluídos.[2] O que pretendia dizer lhe satisfazia plenamente, portanto, tanto do ponto de vista teórico quanto formal.

---

[1] Freud, S. *Métapsychologie* (1915). Paris: Gallimard, 1969.
[2] Freud, S. *Correspondance*. Cartas 169 e 170. Paris: Gallimard, 1966.

Todavia, o projeto inicial de Freud era sem dúvida bem mais abrangente do que o que chegou a realizar. Ele tinha por objetivo escrever 12 artigos, para compor o que denominava inicialmente de "Preliminares a uma metapsicologia".[3] Quais eram os temas desses outros sete artigos que não foram publicados? Conhecemos a temática de cinco deles: a consciência, a angústia, a histeria de conversão, a neurose obsessiva e as neuroses de transferência, no sentido abrangente desse conceito.[4] Quanto aos dois ensaios restantes, contudo, os temas são incertos: a sublimação e a projeção.[5]

Porém esses sete ensaios não foram jamais publicados. Nem tampouco os seus manuscritos foram encontrados, com exceção de um, como se verá adiante. É possível que os outros seis tenham sido destruídos por Freud. A razão disso, segundo Jones, seria que as novas concepções desenvolvidas por ele a partir de 1919 exigiram uma transformação radical do discurso psicanalítico, o que tornava tais escritos ultrapassados do ponto de vista teórico. Vale dizer, esses ensaios estariam ainda fortemente marcados por concepções teóricas anteriores, que Freud pretendeu reformular efetivamente[6,7] com a famosa *viragem* que se delineou nos anos finais de seu percurso teórico.

---

[3] Laplanche, J. e Pontalis, J. B. "Avant-propos des traducteurs". In: Freud, S. *Métapsychologie*. Op. cit., p. 8.
[4] Ibidem.
[5] Ibidem.
[6] Jones, E. *La vie et l'oeuvre de Sigmund Freud*. Volume II. Paris: PUF, 1970, p. 197-199.
[7] Strachey, J. In: *The Standard Edition of the Complete Psychological Works of Sigmund Freud*. Volume XIV. Londres: Hogarth Press, 1978, p. 105-107.

Como disse, um desses ensaios foi descoberto em 1983, sob a forma de manuscrito. Estava junto de uma carta de Freud enviada a Ferenczi, e versava sobre as neuroses de transferência. O texto foi publicado em 1985, sob o título de "Visão de conjunto das neuroses de transferência",[8] por Ilse Grubrich Simitis.

Qual a razão para a pressa de Freud em escrever esses ensaios? Ao que tudo indica, a fluência e celeridade dos textos deveram-se às angústias de morte que se apossaram de Freud. Ao que parece, ele era possuído regularmente pelo temor de morrer, fantasma que reaparecia e o perseguia a cada sete anos. Tratava-se de uma obsessão e de uma superstição.[9] Em decorrência disso, Freud se impôs a obrigação de escrever os ensaios metapsicológicos com a maior rapidez possível, para que servissem como seu *testamento* teórico para a psicanálise e a comunidade analítica.

Não podemos tampouco esquecer que esses ensaios foram escritos durante a Primeira Grande Guerra, então amplamente considerada a mais violenta de todos os tempos. Freud deu testemunho disso num outro ensaio de 1915, intitulado justamente "Considerações atuais sobre a guerra e a morte".[10] Portanto, a angústia provocada pela carnificina inédita e desmesurada da guerra intensificou as superstições cíclicas que tinha sobre a sua morte, impelindo-o

---

[8] Freud, S. *Vue d'ensemble des névroses de transfert*. Paris: Gallimard, 1986.
[9] Jones, E. *La vie et l'oeuvre de Sigmund Freud*. Volume II. Op. cit.
[10] Freud, S. "Considérations actuelles sur la guerre et sur la mort" (1915). In: Freud, S. *Essais de psychanalyse*. Paris: Payot, 1981.

ao trabalho hercúleo de escrever os cinco ensaios em questão em menos de três meses.

Contudo, a morte agora em questão não seria apenas a do homem Freud, mas também a do movimento psicanalítico. No terror catastrófico provocado pela brutalidade da violência guerreira, Freud temia também o desmantelamento do movimento psicanalítico internacional e, com isso, o fim da psicanálise. Daí ter se voltado com volúpia para a elaboração teórica dos *conceitos psicanalíticos fundamentais*, condensados nos ensaios de *Metapsicologia*.

Numa passagem célebre de "Complemento metapsicológico à teoria do sonho", Freud enunciou o que pretendia com esses ensaios metapsicológicos. Sua intenção não era senão "clarificar e aprofundar as hipóteses teóricas sobre as quais um sistema psicanalítico poderia estar fundado".[11] Vale dizer, os ensaios metapsicológicos intencionavam enunciar os conceitos psicanalíticos cruciais de forma sistemática, na sua articulação orgânica e necessária com as hipóteses teóricas que poderiam efetivamente fundamentá-los.

Neologismo

Pode-se depreender disso, então, porque afirmei acima que *Metapsicologia* era um livro maior da obra de Freud. Não me referia ao tamanho do livro, é claro, mesmo porque é um volume composto por poucas páginas. Quis me referir

---

[11] Freud, S. "Complément métapsychologique à la théorie du rêve" (1915). In: Freud, S. *Metapsychologie*. Op. cit., p. 123.

na verdade à sua densidade teórica e importância para a psicanálise. *Metapsicologia* deve assim ser inserido no conjunto de livros que marcaram efetivamente o discurso freudiano na sua especificidade teórica. Além dele, podem-se evocar os seguintes: *Estudos sobre a histeria* (1895),[12] escrito em colaboração com Breuer; *A interpretação dos sonhos* (1900);[13] *Psicopatologia da vida cotidiana* (1901);[14] *O chiste nas suas relações com o inconsciente* (1905);[15] *Três ensaios sobre a teoria da sexualidade* (1905);[16] *Totem e tabu* (1913);[17] *Introdução ao narcisismo* (1914);[18] *Além do princípio do prazer* (1920);[19] *O eu e o isso* (1923);[20] *Inibição, sintoma e angústia* (1926);[21] *Mal-estar na civilização* (1930);[22] *Análise com fim e análise sem fim* (1937)[23] e *Moisés e o monoteísmo* (1938).[24]

---

[12] Freud, S. e Breuer, J. *Études sur l'hystérie* (1895). Paris: PUF, 1971.

[13] Freud, S. *L'interprétation des rêves* (1900). Paris: PUF, 1976.

[14] Freud, S. *Psychopathologie de la vie quotidienne* (1901). Paris: Payot, 1973.

[15] Freud, S. *Le mot d'esprit et sa relation à l'inconscient* (1905). Paris: Gallimard, 1988.

[16] Freud, S. *Trois essais sur la théorie de la sexualité* (1905). Paris: Gallimard, 1962.

[17] Freud, S. *Totem et tabou* (1913). Paris: Payot, 1975.

[18] Freud, S. "Pour introduire le narcissisme" (1914). In: Freud, S. *La vie sexuelle*. Paris: PUF, 1973.

[19] Freud, S. "Au-delà du principe du plaisir" (1920). In: Freud, S. *Essais de psychanalyse*. Op. cit.

[20] Freud, S. *Le moi et le ça*. (1923). Idem.

[21] Freud, S. *Inhibition, symptôme et angoisse* (1926). Paris: PUF, 1973.

[22] Freud, S. *Malaise dans la civilisation* (1930). Paris: PUF, 1971.

[23] Freud, S. "L'analyse avec fin et l'analyse sans fin" (1937). In: Freud, S. *Résultats, idées, problèmes* (1921-1938). Volume II. Paris: PUF, 1985.

[24] Freud, S. *L'homme Moïse et la religión monothéiste. Trois Essais* (1938). Paris: Gallimard, 1986.

Outros leitores de Freud poderiam acrescentar demais publicações a esse conjunto, segundo critérios teóricos diferentes e até mesmo por certas preferências pessoais. Quanto a mim, o fio de prumo que norteia minha listagem é que, em cada um desses títulos, Freud delineou momentos cruciais na constituição do discurso psicanalítico. É justamente isso o que está em causa nessa seriação.

Com efeito, em cada uma dessas obras Freud pôde construir conceitos fundamentais para a psicanálise e assim fez avançar, inequivocamente, com mais consistência teórica e extensão temática, o campo psicanalítico. Este se tornou então efetivamente bem mais denso e complexo, em cada uma dessas *passagens* obrigatórias da invenção da psicanálise, indicando tanto as suas possibilidades teóricas quanto os seus limites conceituais.

Não é evidente, no entanto, o que Freud queria dizer quando deu à obra em pauta o título *Metapsicologia*. Trata-se de uma palavra estranha e nova, que até então não fora usada, seja nas retóricas filosófica e científica, seja pelo senso comum. Freud cunhou esse termo para se referir ao discurso psicanalítico na sua especificidade teórica. Forjou, assim, um *neologismo* para fazer menção à singularidade conceitual da psicanálise. É preciso então, antes de mais nada, questionar o sentido dessa expressão.

O que Freud queria dizer com isso, afinal de contas? Por que não chamou o livro simplesmente de *Psicologia*, uma vez que esse já era um termo consagrado nos registros filosófico e científico? Não ouvimos frequentemente, aqui e ali, que a psicanálise seria uma modalidade de psicologia, isto é, uma das escolas da psicologia, ao lado do behaviorismo e do gestaltismo? Não poderia ter chamado então a sua obra de *Psicologia psicanalítica*, nessa linha de interpretação do que seria efetivamente a psicanálise? Ou, então, simplesmente de *Psicanálise*, de forma curta, grossa e direta? O que levou, enfim, Freud a batizar sua coletânea de ensaios de *Metapsicologia*? Por que precisou forjar esse neologismo? Qual a razão de ter escolhido essa estranha palavra para falar sobre a teoria da psicanálise?

É o que se verá no próximo capítulo.

CAPÍTULO II – O QUE É A METAPSICOLOGIA?

A psicologia e a ciência

A palavra e o conceito de metapsicologia não foram enunciados por Freud exatamente em 1915, quando assim decidiu nomear o conjunto de ensaios a que me referi no capítulo anterior. A bem do rigor, a palavra apareceu precocemente no discurso freudiano, datando pelo menos de 1896, quando foi usada na correspondência de Freud com Fliess.[1] O que fica patente aqui é que a palavra metapsicologia remete ao conjunto de procedimentos teóricos e metodológicos que Freud começara a conceber para constituir a sua leitura do psiquismo. Portanto, forjando conceitos originais, Freud denominara a sua prática teórica de metapsicologia. Esta, vale dizer, identificava-se organicamente com a psicanálise propriamente dita, enfatizando sua construção como uma *teoria*. Enfim, como foi sublinhado no capítulo anterior, numa referência ao ensaio "Complemento metapsicológico à teoria do sonho",[2] a metapsicologia pretendia

---

[1] Freud, S. "Lettres à Wilhem Fliess, Notes et Plans". (1887-1902). In: Freud, S. *Naissance de la psychanalyse*. Paris: PUF, 1973.
[2] Freud. S. "Complément metapsychologique à la théorie des rêves". In: Freud, S. *Métapsychologie*. Op. cit.

enunciar as *hipóteses teóricas* sobre as quais poderia se *fundamentar* a psicanálise.

Porém, foi apenas em A *interpretação dos sonhos*, no seu célebre capítulo VII, que o discurso freudiano forjou um conceito mais rigoroso da metapsicologia.[3] Isto porque pôde sistematizar ali, com organicidade teórica, os diversos conceitos que formulara anteriormente de maneira dispersa. No entanto, nos "Três ensaios sobre a teoria da sexualidade",[4] tal sistematização teórica recebeu outro registro e nível de organicidade, com os conceitos de *pulsão* e *sexualidade perverso-polimorfa*. Existe, portanto, uma articulação crucial desses dois livros iniciais de Freud na constituição teórica da metapsicologia.

Pode-se depreender disso que, pela invenção da palavra e do conceito de metapsicologia, o que o discurso freudiano realizava era uma leitura *outra* da psicologia. Assim, a psicanálise seria uma formulação diversa e diferente do que se denominava então psicologia. Daí Freud ter tido necessariamente de forjar outra palavra para se referir tanto ao novo campo teórico que estava constituindo quanto aos procedimentos conceituais e metodológicos que o constituiriam. A concepção do que seria o psiquismo foi então radicalmente transformada pela nova leitura proposta por Freud. A própria ideia de que esse seria um *aparelho* — *aparelho psíquico* — evidencia, enfim, que a dita inovação já estava aqui em pauta.

---

[3] Freud, S. *L'interprétation des rêves*. Capítulo VII. Op. cit.
[4] Freud, S. *Trois essays sur la théorie de la sexualité*. Op. cit.

A concepção de que haveria um aparelho psíquico foi enunciada por Freud em um livro anterior, "Esboço de uma psicologia científica",[5] escrito em 1895 mas publicado apenas postumamente, nos anos 50, por seus discípulos e herdeiros teóricos. Freud o engavetara, por razões aparentemente obscuras. Podemos supor, no entanto, por que fez isso.

Assim, se tal obra já evidenciava por um lado diversos procedimentos teóricos do que veio em seguida a denominar metapsicologia, por outro terminava numa retórica ao mesmo tempo neurológica e fisicalista. Dessa forma, ficava bastante aquém da novidade teórica que Freud pretendia então constituir com a invenção da psicanálise. Enfim, a retórica estava velha para pôr-se à altura do discurso teórico novo almejado.

Freud tentava, no entanto, estabelecer uma psicologia *científica*, como evidencia, aliás, o título que conferiu ao livro. O que vale dizer que, para ele, a psicologia então praticada não tinha ainda a marca da cientificidade que ele pretendia construir com a elaboração teórica da psicanálise. Foi com essa intenção que Freud se voltou para a realização de uma leitura outra do psiquismo, que passou a denominar de aparelho psíquico.

O que se destacava no campo dessa obra era a exigência teórica de conjugar dois registros até então autônomos e inarticuláveis: o da *qualidade* e o da *quantidade*, sempre presentes nos processos psíquicos. Uma psicologia eminentemente científica deveria ser capaz de declinar o registro

---

[5] Freud, S. "Esquisse d'une psychologie scientifique" (1895). In: Freud, S. *Naissance de la psychanalyse*. Op. cit.

quantitativo presente no psiquismo com o qualitativo, de maneira que sem tal conjunção a leitura do aparelho psíquico seria incompleta, parcial e limitada. Portanto, impunha-se realizar essa costura e conjugação entre tais registros, até então vistos como *heterogêneos*.[6]

Assim, o aparelho psíquico se organizaria entre a ordem da *representação* (registro da qualidade) e a da *intensidade* (registro da quantidade), pois ambas estariam presentes na totalidade dos processos psíquicos.[7] Dito de outra maneira, uma leitura outra do psiquismo deveria ressaltar a dupla *dimensão* nesse presente: a do *sentido* e a da *força*. Entre a força e o sentido, portanto, o aparelho psíquico estaria fundado, na medida em que essas duas características marcariam os processos psíquicos.[8] Foi com essa aposta e pretensão teóricas que o discurso freudiano efetivamente caminhou para a construção da psicanálise e do conceito de metapsicologia.

Digo isso porque num ensaio anterior, datado de 1891, Freud procurou construir e nomear como *aparelho de linguagem* o que veio a denominar posteriormente de aparelho psíquico. Com efeito, no ensaio sobre as afasias Freud realizou a sua leitura inaugural do psiquismo, mas nele enfatizou apenas a sua dimensão qualitativa e o seu registro semântico, de forma a colocar entre parênteses a sua dimensão quantitativa e o registro das intensidades.[9] Daí essa leitura

---

[6] Ibidem.
[7] Ibidem.
[8] Ibidem.
[9] Freud, S. *Contribution à la conception des aphasies* (1891). Paris: PUF, 1989.

do psiquismo ter privilegiado apenas o polo linguageiro e semântico deste, deixando de lado o polo intensivo. Freud destacou nesse ensaio apenas a dimensão do sentido, descartando a da força. Por isso denominou solenemente o psiquismo de aparelho de linguagem.

De qualquer maneira, o que Freud pretendeu realizar com essa leitura do psiquismo foi uma interpretação científica daquilo que Meynert, o famoso psiquiatra da escola alemã de então, denominava de *aparelho da alma*.[10] Foi essa denominação inicial de Meynert que Freud traduziu, na *Contribuição à concepção das afasias*, por aparelho de linguagem. Portanto, a intenção de Freud foi decantar as marcas teológica e filosófica do psiquismo, na expressão "aparelho da alma", para realizar uma leitura científica deste. Para isso, transformou-o no aparelho de linguagem, inicialmente, e no aparelho psíquico, posteriormente. Entre os polos da força e do sentido, isto é, entre os registros da quantidade e da qualidade, enfim, deveria se constituir uma leitura outra do psiquismo, que fosse efetivamente científica.

Seria isso, portanto, o que Freud pretendia realizar com a construção da psicanálise pela constituição da metapsicologia como discurso teórico. Assim, se a alma teria uma configuração representacional e linguageira, que daria sentido aos processos psíquicos, teria também, em contrapartida, uma configuração intensiva, irredutível à primeira. Seria necessário conjugar então essa dupla exigência teórica para realizar uma leitura outra do psiquismo. A metapsico-

---

[10] Ibidem.

logia condensava, no seu campo de enunciados, esse duplo imperativo teórico, de maneira inapelável.

Por isso mesmo, Freud pôde ironizar o discurso teórico do behaviorismo, nos anos 30, na medida em que este pretendia constituir uma leitura supostamente objetiva do psiquismo, centrada apenas na dimensão do comportamento e eliminando a experiência da consciência como marca efetiva daquele. Freud nos disse, então, com efeito, que os norte-americanos pretendiam constituir uma psicologia "sem alma", isto é, sem linguagem, sem qualidade e sem representação, oferecendo ao mundo científico uma leitura limitada e parcial do que seria o aparelho psíquico.[11] Dito de outra maneira, para Freud não poderia existir psiquismo sem a presença da *subjetividade* e das *subjetivações*. Da mesma forma, Freud se opôs sempre a toda tentativa de leitura do aparelho psíquico que o reduzisse à sua dimensão linguageira e semântica, silenciando a sua dimensão intensiva. A metapsicologia procurava, assim, articular esse duplo imperativo teórico, sem privilegiar um deles a expensas do outro.

Porém, como se configurava então o discurso teórico da psicologia, que foi o objeto sistemático da *crítica* do discurso psicanalítico em formação? Os procedimentos conceituais formalizados e condensados nessa crítica foram constitutivos da metapsicologia, na sua especificidade teórica.

---

[11] Freud, S. "Introduction to the Special Psychopathology Number of The Medical Review of Reviews". In: The *Standard Edition of the Complete Psychological Works of Sigmund Freud*, Volume XXI. Op. cit.

Crítica da psicologia

O que caracterizava a psicologia como discurso teórico, antes de mais nada, na segunda metade do século XIX, era a descrição exaustiva e sistemática que pretendia realizar das *faculdades* psíquicas. A descrição dessas faculdades psíquicas convergia para a articulação dessas com os registros da *consciência* e do *eu*. Estes representavam assim o que existia de nobre e de mais elevado no psiquismo, o que articularia as diversas faculdades psíquicas, que estariam então a serviço da consciência e do eu, que as hierarquizava e selecionava, de acordo com seus propósitos e finalidades.

No entanto, desde a virada do século XVIII para o século XIX, em decorrência da *medicalização* disseminada e ostensiva do espaço social, o discurso da medicina passou a funcionar como *modelo* e *paradigma* teóricos para o conjunto das ciências humanas.[12] Uma das características desse modelo e paradigma era o imperativo da leitura das experiências sociais e individuais como processos advindos do registro da *vida*. Com isso, a biologia, que então se constituiria como discurso teórico, se destacou como ciência de referência para a leitura da vida e de seus processos.[13]

Assim, tanto a sociedade quanto o indivíduo passaram a ser interpretados a partir do modelo dos *processos vitais*,

---
[12] Foucault, M. *Naissance de la clinique*. Une archéologie de regard médical. Paris: PUF, 1963.
[13] Foucault, M. *Les mots et les choses*. Une archéologie des sciences humaines. Paris: Gallimard, 1966.

de maneira direta ou indireta. Com efeito, seja pela mediação de modelos teóricos de *causalidade*, seja pela utilização dos discursos médico e biológico como *metáforas*, seria sempre a ordem da vida o que estaria em causa na constituição das ciências humanas.[14] A psicologia se inscrevia nesse campo evidentemente.

Foi nesse contexto histórico que a psicologia foi teoricamente configurada, tendo que ser articulada com a ordem da vida e com os processos biológicos. Assim, a descrição das faculdades psíquicas, inscritas nos registros da consciência e do eu, deveria ser também conjugada com a *anatomia* do cérebro e a *fisiologia* do sistema nervoso.[15,16] Desde a formulação do discurso da *frenologia*, com Gall, na primeira metade do século XIX,[17] esse imperativo foi colocado para a psicologia, de maneira progressiva, mas sempre inequívoca. Enfim, o discurso teórico da psicologia do século XIX foi marcado por essa tripla exigência, em graus variáveis e com nuances, é claro.

Pode-se afirmar, assim, que a pretensão da psicologia no século XIX era ser, de certa forma, uma neuropsicologia. A articulação entre os registros do somático (cerebral) e do psíquico poderia se fazer ou de maneira direta, numa leitura mecanicista do psiquismo, ou de maneira indireta, bem

---

[14] Foucault, M. *Naissance de la clinique*. Op. cit.
[15] Hécaen, H. e Dubois, J. *La naissance de la neuropsychologie du langage* (1825-1865). Paris: Flammarion, 1969.
[16] Hécaen, H. e Lanteri-Laura, G. *Evolution des connaissances et des doctrines sur les localisations cérébrales*. Paris: Desclée de Brouwer, 1977.
[17] Lanteri-Laura, G. *Histoire de la phrénologie*. Paris: PUF, 1970.

mais sutil e nuançada. Ao lado disso, a psicologia era eminentemente *consciencialista*, isto é, o psiquismo tinha no registro da consciência o seu campo fundamental. Finalmente, o *sujeito* na psicologia deveria se configurar no registro do eu, que se inscrevia no campo da consciência e delinearia então o ser de sua existência.

Dessa maneira, a psicologia como teoria das faculdades psíquicas, centradas na consciência e no eu, se inscrevia na tradição da filosofia do sujeito, iniciada por Descartes, no século XVII.[18] O sujeito, configurado como eu, estaria no centro do psiquismo. Além disso, seria fundamentalmente pensante, de maneira que o *pensamento* seria sua marca por excelência. Esse pressuposto foi condensado no *cogito*, enunciado por Descartes: *penso, logo existo*.

No entanto, a psicologia pretendia ser também uma ciência, como as demais ciências humanas, aliás. Para isso, deveria se inserir no registro da vida e se regular pelas exigências das ciências da natureza. Por isso, com Wundt, na Alemanha, a psicologia pretendeu se constituir como uma ciência experimental, forjando o discurso da psicofísica,[19] na segunda metade do século XIX.

Porém as referências à consciência e ao eu produziam ruídos insistentes nas pretensões cientificistas da psicologia. Pretendia-se, assim, abolir essas referências inconsis-

---

[18] Descartes, R. "Méditation. Objections et réponses" (1641). In: *Oeuvres et lettres de Descartes*. Paris: Gallimard (Pléiade), 1949.
[19] Foucault, M. "La psychologie de 1850-1950" (1957). In: Foucault, M. *Dits et écrits*. Volume I. Paris: Gallimard, 1994.

tentes no discurso da psicologia, pelo subjetivismo que ainda evidenciavam, em vez de inscrevê-las no discurso da filosofia.

Assim, para a psicologia ser uma ciência, de fato e de direito, era necessário regulá-la por uma dupla exigência. Antes de mais nada, ser experimental como a física, então o modelo de cientificidade por excelência. A biologia, que se constituía como ciência da vida, pretendia se pautar pelos cânones da física e ser também uma ciência experimental. Foi nesse contexto histórico que Claude Bernard constituiu a fisiologia como uma ciência[20] propriamente dita, forjando assim a medicina experimental. A química, com Lavoisier, se constituiu igualmente como ciência pautando-se pelos cânones da física e se configurando também como ciência experimental.

Parece-me que foi justamente em decorrência disso que Freud pretendeu forjar outra psicologia em bases científicas, com o "Projeto de uma psicologia científica".[21] Essa obra era permeada pela retórica fisicalista, mas não se consubstanciava efetivamente, contudo, como um discurso experimental, razão pela qual Freud intitulou o seu livro de um "projeto" e de um "esboço" de uma psicologia científica, mas não de uma psicologia científica propriamente dita. Po-

---

[20] Canguilhem, G. "L'idée de médecine expérimentale selon Claude Bernard" (1965). In: Canguilhem, G. *Études d'Histoire et de Philosophie des Sciences*. Paris: Vrin, 1960; Canguilhem, G. "La constitution de la physiologie comme science" (1963). Idem.
[21] Freud, S. "L'Esquisse d'une psychologie scientifique". In: Freud, S. *Naissance de la psychanalyse*. Op. cit.

rém foi essa pretensão fisicalista que Freud recusou, conduzindo-o finalmente à não publicação do livro.

No entanto, a segunda exigência cientificista da psicologia era inscrever as faculdades psíquicas, a consciência e o eu, nos registros da anatomia e da fisiologia do sistema nervoso. Por esse viés, aquelas poderiam ter uma localização anatômica e ser reguladas pela fisiologia do sistema nervoso, de maneira a silenciar qualquer subjetivismo anticientífico ainda presente no discurso da psicologia.

Por isso também, a retórica conceitual presente no "Projeto de uma psicologia científica" é também permeada pelas referências teóricas à anatomia cerebral e à fisiologia do sistema nervoso.[22] Com efeito, os enunciados neuronais permeiam essa obra de fio a pavio, não obstante a existência de outras proposições teóricas inéditas formuladas por Freud, enunciadas, contudo, pela mediação de outra retórica teórica. Parece-me que foi também por isso que Freud não quis publicar essa obra, preferindo engavetá-la, pois não enunciava devidamente a leitura outra do psiquismo que queria realizar com a construção da psicanálise.

Era justamente em decorrência dessa dupla exigência teórica que a problemática do *paralelismo psicofísico* obcecava o discurso cientificista da psicologia, na segunda metade do século XIX e no início do século XX. Isto porque seria na devida conjunção entre os registros do psíquico e do somático que o discurso da psicologia poderia reivindicar a condição de ser uma ciência, de fato e de direito. Nessa perspectiva, o discurso da psicologia com pretensão à cientificidade se

---
[22] Ibidem.

desdobraria efetivamente numa modalidade qualquer de neuropsicologia e de psicobiologia.

Não é um acaso, tampouco, que a dita problemática do paralelismo psicofísico estivesse bastante presente nas obras de Freud *Contribuição ao estudo das afasias*[23] e "Projeto de uma psicologia científica", escritas em 1891 e 1895, respectivamente.[24] Com efeito, sem a articulação convincente entre os registros do psíquico e do somático, o discurso freudiano não conseguiria realizar uma leitura teórica outra da psicologia que fosse efetivamente consistente.

Ao lado disso, o fantasma da tradição metafísica do sujeito, que tomava corpo e forma nos registros psíquicos da consciência e do eu, pairava no campo da psicologia. Não obstante essa tradição ter sido iniciada no século XVII, com Descartes, ela se manteve relativamente incólume até o século XIX, mesmo com as críticas que recebeu de diferentes filosofias, fossem empiristas ou racionalistas. Apesar disso, o *cogito* persistiu e insistiu no seu axioma fundamental — penso, logo sou —, de maneira que a consciência e o eu eram os seus suportes irrefutáveis. Enfim, a certeza do ser do sujeito se sustentava no registro do pensamento, superando então as dúvidas metafísica e metódica, de forma que o pensamento se enunciava sempre pelo eu, no campo de visibilidade da consciência.

Foi em decorrência desse conjunto de questões que o discurso psicanalítico nos seus primórdios preferiu se inti-

---

[23] Freud, S. *Contribution à l'étude des aphasies*. Op. cit.
[24] Freud, S. "L'Esquisse d'une psychologie scientifique". In: Freud, S. *Naissance de la psychanalyse*. Op. cit.

tular como metapsicologia e não como psicologia. Portanto, ao se enunciar como teoria, a psicanálise pretendia ser uma crítica sistemática da psicologia. Essa crítica se formalizou na construção da metapsicologia, como estranha palavra que foi inventada e como novo conceito.

É preciso se indagar agora como tudo isso se processou efetivamente, em termos históricos e teóricos.

O sujeito no além da psicologia

A presença do prefixo *meta*, na palavra metapsicologia, coloca em evidência uma série de questões levantadas pelo discurso psicanalítico em face da psicologia e da psicopatologia de então. Essas questões se perfilam no polo do consciencialismo, por um lado, e no polo da neurobiologia, por outro. Enfim, a metapsicologia condensa a crítica empreendida pela psicanálise à psicologia e à psicopatologia, no final do século XIX, nesse duplo eixo.

O prefixo meta, de origem grega, quer dizer *além de*. Portanto, ao enunciar que a psicanálise constituiria uma metapsicologia, o discurso freudiano formulava que ela não seria mais uma modalidade e uma escola da psicologia. Isso porque pretendia ir além da psicologia, não se submetendo então aos seus cânones teóricos. Estes deveriam ser efetivamente colocados na berlinda, na crítica psicanalítica da psicologia, que tinha a pretensão, enfim, de ser teoricamente rigorosa.

Assim, a crítica psicanalítica da psicologia se fundava na ideia básica de que o psiquismo não se identificava com os registros da consciência e do eu. Isso não queria dizer que para o discurso psicanalítico esses registros não fariam parte do psiquismo, bem entendido. É óbvio que fariam. No entanto, a concepção do psiquismo delineada pela psicanálise enunciava que este era bem mais abrangente.

É preciso dizer, em seguida, que nessa maior abrangência e na ampliação das fronteiras do campo psíquico, proposto pela psicanálise, o que de mais fundamental existia nele ultrapassava em muito os registros da consciência e do eu. Esses registros estariam então subordinados a outros espaços e domínios psíquicos, que delineariam, no fundamental, o aparelho psíquico. Enfim, a psicanálise estaria além da psicologia, na medida em que a concepção de psiquismo que propunha pretendia ir além dos campos da consciência e do eu.

Vale dizer, a constituição do discurso psicanalítico se fundou na crítica sistemática do consciencialismo como paradigma teórico da psicologia e da tradição da filosofia do sujeito. Estaria aqui a pedra de toque daquele, do ponto de vista estritamente epistemológico. Por isso mesmo, o discurso freudiano denominou a teoria psicanalítica de metapsicologia, de fato e de direito, inventando uma palavra nova e um conceito inédito, coerentes com suas pretensões teóricas.

Intencionando, assim, ir além da psicologia, numa crítica do consciencialismo, o discurso psicanalítico como metapsicologia reconhecia a existência do *inconsciente*, não apenas um espaço psíquico outro, *heterogêneo* ao espaço da consciência, mas considerado também o espaço psíquico fundamental. O aparelho psíquico se fundaria no inconsciente, de forma que a consciência e o eu estariam subordinados a ele.

Portanto, ao enunciar a existência do inconsciente e formular que esse era o registro psíquico fundamental, a psicanálise empreendeu o *descentramento* do sujeito dos registros do eu e da consciência. Indo além da psicologia, no entanto, a metapsicologia estava indo além da filosofia do sujeito, ao mesmo tempo, numa só e única penada. Com isso, a metapsicologia se condensava na operação teórica do descentramento do sujeito do campo da consciência, ultrapassando, enfim, a consciência e o eu.

Assim, outro lugar e domínio, que estaria fora da consciência e do eu, fundaria o psiquismo enquanto tal. Foi pela consideração rigorosa disso que o discurso teórico de Lacan nos seus primórdios — em "Além do princípio de realidade" (1936),[25] "A agressividade em psicanálise" (1948)[26] e "O estádio do espelho como formador de função do eu" (1949)[27] — pôde afirmar, de maneira peremptória e rigorosa, que os pressupostos teóricos da psicanálise tomavam decididamente uma direção que se opunha à da filosofia cartesiana do *cogito*.

Posteriormente, no Seminário XI, intitulado *Os quatro conceitos fundamentais da psicanálise*,[28] Lacan enunciou essa

---

[25] Lacan, J. "Au-delà du principe de realité" (1936). In: Lacan, J. *Écrits*. Op. cit.
[26] Lacan, J. "L'agressivité en psychanalyse" (1948). Idem.
[27] Lacan, J. "Le stade du miroir comme formateur de la function du Je" (1949). Idem.
[28] Lacan, J. *Les quatre concepts fondamentaux de la psychanalyse*. Le Séminaire de Jacques Lacan. Volume XI. Paris: Seuil, 1973.

crítica anticartesiana da psicanálise de maneira bem mais contundente, na qual a ironia se fazia ainda presente pelo sarcasmo. Assim, pelos pressupostos do discurso psicanalítico, o sujeito existia onde não pensava e, em contrapartida, pensava onde não podia efetivamente existir.

O que Lacan pretendia dizer com isso, afinal de contas? De que maneira transformou num *paradoxo* a oposição entre *pensar* e *existir*? Lacan pretendia dizer com isso, nada mais nada menos, que o sujeito existia no registro do inconsciente, no qual não pensava, pensando apenas, de acordo com o discurso freudiano, nos registros da consciência e do eu, nos quais não poderia existir. Promovendo, portanto, a *disjunção* radical do filosofema do sujeito, em Descartes — penso, logo existo —, ao enunciar os diferentes espaços psíquicos onde o sujeito poderia efetivamente existir e pensar, Lacan demarcou rigorosamente o alcance filosófico da invenção teórica empreendida pelo discurso psicanalítico.

Por esse paradoxo e disjunção, entre os registros do pensar e do existir, no entanto, o que estaria em pauta nesse comentário preciso e rigoroso de Lacan era o descentramento do sujeito, do eu e da consciência para o registro do inconsciente, promovido pelo discurso freudiano. Esse descentramento implicaria uma *divisão* efetiva do psíquico (*Spaltung*) entre diversos e diferentes espaços e domínios, pois esses teriam também funcionalidades agora opostas.

Foi em decorrência dessa divisão, constitutiva do aparelho psíquico, que Freud pôde dizer ostensivamente e sem pestanejar, na sua leitura da loucura de Schreber, que não faria sentido falar numa doença específica caracterizada pela divisão, como a esquizofrenia,[29] como dizia a psiquiatria de então. Isso porque, pela nova concepção do aparelho psíquico enunciada pela psicanálise, qualquer psiquismo seria marcado pela divisão e não apenas o da psicose esquizofrênica, como propunha o discurso psiquiátrico. Vale dizer, o discurso da psicopatologia seguia os mesmos cânones do discurso da psicologia, centrado nos registros do eu e da consciência, e que esses modelos se dividiriam apenas, de maneira catastrófica, na experiência-limite da psicose.

No entanto, ainda nos seus escritos iniciais, Lacan nos ofereceu indicações bastante preciosas, dos pontos de vista teórico e histórico, para a ruptura existente entre os discursos da psicanálise e da psicologia no final do século XIX e início do século XX. Assim, teria sido relevante para a constituição da psicanálise, como metapsicologia, o fato de Freud ser oriundo da tradição da medicina e não da psicologia. Somente assim a psicanálise pôde ir além da psicologia e forjar a metapsicologia.

O que estaria aqui em pauta, nessa outra disjunção entre a tradição da medicina e a da psicologia proposta por Lacan? Nada mais nada menos que a medicina, como prática de *cuidado* eminentemente centrada na experiência da *clínica*, que implicava escutar a queixa dos doentes, e a partir daí forjar hipóteses teóricas com base na anamnese, na história dos enfermos e na relação médico-paciente. A psi-

---

[29] Freud, S. "Remarques psychanalytiques sur l'autobiographie d'un cas de paranoïa (Dementia paranoides) (Le President Schreber)" (1911). In: Freud, S. *Cinq psychanalyses*. Paris: PUF, 1975.

cologia, em contrapartida, pesquisaria as faculdades psíquicas de maneira formal, numa dimensão marcadamente abstrata.[30] Vale dizer, a psicologia examinava o psiquismo na exterioridade do *sujeito*, removendo-o de sua posição *concreta*. Com isso, desde então, a problemática do sujeito estaria colocada inequivocamente para a psicanálise, mas não para a psicologia.

É claro que Lacan está se baseando aqui, para enunciar isso, na leitura realizada por Politzer, em 1928, na sua "Crítica aos fundamentos da psicologia".[31] Nessa obra, Politzer criticou sistematicamente a psicologia clássica, centrada na leitura de um sujeito abstrato, ao propor uma psicologia concreta, ancorada na existência de um sujeito efetivamente concreto que se manifestaria por suas ações, práticas e discursos. Assim, o sujeito existiria apenas no contexto do *drama* propriamente dito, que marcaria a sua existência de fio a pavio. Teria sido essa, segundo Politzer, a colaboração inestimável do discurso freudiano para a realização da crítica à psicologia clássica, fundada num sujeito eminentemente abstrato e vazio.[32]

O que Lacan enunciou então, na disjunção que propôs entre as tradições da medicina e da psicologia, ao opor os registros da clínica e do laboratório de pesquisa experimental, foi a articulação do que Politzer denominava de drama

---

[30] Lacan, J. "Au-delà du principe de réalité". In: Lacan, J. *Écrits*. Op. cit.
[31] Politzer, G. *Critique des fondements de la psychologie* (1928). Paris: PUF, 1968, 3ª edição.
[32] Ibidem.

do sujeito no espaço concreto da existência, com a demanda de cuidados dos enfermos marcados pela *dor* e pelo *sofrimento*. Portanto, pela demanda de cuidados presente na experiência clínica e na relação médico-paciente, pelas quais o sujeito se colocava concretamente em cena pela dor e pelo sofrimento a partir dos quais se enunciava, o discurso freudiano poderia construir uma leitura outra e nova do psiquismo, indo além de uma psicologia abstrata das faculdades.[33]

Seria por esse viés, enfim, que o registro psíquico do inconsciente poderia efetivamente ser constituído, descentrando o sujeito dos registros do eu e da consciência, forjando então a metapsicologia como o seu correlato teórico.

Histeria e anatomoclínica

Procurando agora trocar em miúdos essas pistas oferecidas por Lacan, sugestivas mas lançadas ao léu, sem indicações epistemológicas e históricas mais precisas, podem-se formalizar alguns dos passos decisivos realizados pelo discurso freudiano para a constituição efetiva da metapsicologia. É a *experiência clínica* como *condição concreta de possibilidade* para a constituição da metapsicologia que será agora devidamente enfatizada. Quais foram esses passos decisivos realizados por Freud?

Antes de mais nada, Freud era neurologista por formação e especialização médicas, embora afirmasse não ter

---

[33] Lacan, J. "Au-delà du principe de réalité". In: Lacan, J. *Écrits*. Op. cit.

muito talento para a terapêutica e que no limite não gostava de exercer essa função. Não obstante isso e à sua revelia tornou-se um neurologista. A formação teórica inicial de Freud se deu no campo da anatomia do sistema nervoso, e ele trabalhou durante um longo tempo no laboratório de Burke, quando era estudante de medicina. Porém a falta de recursos financeiros de sua família e seu desejo de casar-se logo com Martha Bernays lhe impediram de seguir a carreira de pesquisador e de cientista, como gostaria.[34,35] Voltou-se então para a neurologia, que era o campo clínico de referência da área de pesquisa teórica e básica que lhe ocupara até então.

Além disso, é preciso ainda evocar aqui que a neurologia era então uma especialidade médica nova, que se desenvolvera bastante na segunda metade do século XIX. Foi no campo da neurologia e da clínica neurológica, especificamente, que diversas questões fundamentais foram então colocadas para o discurso da clínica, enfatizando os impasses teóricos, metodológicos e epistemológicos ocasionados por esse discurso.[36]

Quais foram essas questões? A *histeria* condensava o conjunto de questões fundamentais colocadas para o discurso da clínica, pois desestabilizava totalmente esse dis-

---

[34] Jones, E. *La vie et l'oeuvre de Sigmund Freud.* Volume I. Op. cit.
[35] Gay, P. *Freud: Uma vida para o nosso tempo.* São Paulo: Companhia das Letras, 1991.
[36] Foucault, M. *Le pouvoir psychiatrique.* Cours au Collège de France 1974-1975. Paris: Gallimard/Seuil/EHESS, 2003.

curso teórico evidenciando seus impasses, contradições, paradoxos e fissuras.

A histeria se impunha então como uma problemática clínica inteiramente nova, que produzia um nó eminentemente teórico e epistemológico no paradigma estabelecido no discurso da medicina clínica. Por que isso? Porque a histeria, pela especificidade de sua apresentação clínica e de sua produção sintomática, colocava efetivamente na berlinda o *modelo teórico da anatomoclínica*, que foi constitutivo da medicina moderna.[37]

Como foi enunciado o paradigma da anatomoclínica? Desde a descoberta da histologia por Bichat, que reformulou o discurso da anatomia na aurora do século XIX, foi estabelecida a relação entre o registro dos sintomas das diferentes enfermidades recenseadas pela clínica médica e as lesões corporais. Essas seriam delineadas e verificadas pela autópsia, com a abertura dos cadáveres, seja no nível macroscópico da anatomia seja no nível microscópico da histologia. Foi assim estabelecida uma relação de fundação entre a especificidade da *lesão* anatomopatológica e os diferentes *sintomas* presentes nas diversas enfermidades.[38]

O que implicava dizer que a leitura da enfermidade, delineada pela anatomia patológica e pela teoria da lesão, seria marcada pelo signo da *morte*, na medida em que a dita lesão evidenciaria a marca eloquente da morte no corpo do vivente. A problemática da morte se inscreveu assim no

---
[37] Foucault, M. *Naissance de la clinique*. Op. cit.
[38] Ibidem.

fundamento da leitura da enfermidade, de maneira que adoecer seria efetivamente uma forma fragmentária, antecipada e parcial de morrer.[39]

Ao lado disso, o modelo teórico da anatomoclínica estabelecia uma relação intrínseca entre os registros do *dizer* e do *ver*. Com efeito, enquanto as queixas do doente e a sua anamnese se realizavam no registro do dizer, isto é, no discurso, a materialidade da lesão se evidenciava *no* registro do ver. Portanto, estabeleceu-se aqui, com o discurso anatomoclínico, uma articulação íntima entre o dizível e o legível, que pôde constituir não apenas outro discurso sobre a enfermidade, como também outro discurso sobre as relações entre a vida e a morte.[40]

A histeria colocou em questão, no entanto, os cânones do discurso da anatomoclínica, evidenciando os seus impasses. Em decorrência disso, o dito discurso exibiu os seus limites e o seu domínio legítimo de validade, pelas contradições e paradoxos teóricos que a histeria produzia. As fissuras do discurso da anatomoclínica vieram à baila e ficaram então bastante patentes para quem quisesse ver e tivesse ouvidos para escutar, é claro, o que estava efetivamente se processando nesse embate.

Como foi que isso se apresentou, configurando a cena desse verdadeiro confronto entre o discurso da anatomoclínica e os ruídos espalhafatosos da histeria?

---

[39] Ibidem.
[40] Ibidem.

Antes de mais nada, os sintomas apresentados pela histeria eram gasosos, marcados pela volatilidade. Não tinham assim qualquer fixidez e permanência, nem na ordem do tempo nem na do espaço, mudando do dia para a noite. Como um caleidoscópio, os sintomas histéricos desconcertavam os médicos que se orientavam pelo discurso da anatomoclínica. Não existia nesse discurso nenhum critério teórico que pudesse dar conta dessa mobilidade da sintomatologia histérica, que se impunha então como algo de ordem efetivamente enigmática. O que seria isso, afinal de contas?

Além disso, não havia nessa sintomatologia volátil e volúvel qualquer correspondência com lesões nos registros anatômico e histológico. O corpo da histeria não indicava alteração alguma, qualquer materialidade lesional. Os cadáveres de histéricos evidenciavam corpos mudos, marcados pelo silêncio das lesões. Não se podia ver nada de diferente e morbidamente eloquente no corpo histérico pelo exame anatomopatológico do cadáver.

Essa incongruência e incompatibilidade entre os registros do ver e do dizer desconcertavam literalmente a cena clínica. Para um dizer que era multiplicado e disseminado, movente nos seus desdobramentos e na velocidade cambiante de suas mudanças sintomáticas, não existia nada no registro do corpo anatômico que pudesse sustentar e dar consistência aos sofrimentos de forma visível. Além disso, a corporeidade histérica apresentava na sua multifacetação sintomática diferentes signos a serem vistos, mas sem correspondentes anatômicos identificáveis.

Produziu-se, enfim, uma disjunção efetiva entre os registros do dizer e do ver, que até então teriam sido devidamente articulados e declinados pelo discurso da anatomoclínica.

Em decorrência disso, o discurso da medicina passou a desconfiar da veracidade das múltiplas narrativas e exibições sintomáticas da histeria. Com efeito, se esta era multiforme e não se materializava anatomicamente na forma de uma lesão, então os histéricos não teriam efetivamente qualquer enfermidade. Não passariam então de *mentirosos* empedernidos, que inventariam doenças inexistentes. Enfim, os histéricos seriam *simuladores* e nada daquilo que apresentavam sintomaticamente era de fato verdadeiro.

A histeria irritava e enraivecia os clínicos, pelo impasse teórico que colocava para o método anatomoclínico. Desconcertados pela perda da segurança teórica e epistemológica propiciada até então por esse método, eles perdiam literalmente o chão sobre o qual se fundava a sua prática. Não tinham mais onde colocar os pés, isto é, o discurso da anatomoclínica. Assim, quando se irritavam e se tornavam raivosos com os histéricos, era na tentativa de salvar o método teórico de que dispunham; por isso acusavam os histéricos de simuladores e mentirosos — eles punham em evidência, afinal, os impasses e as impossibilidades do discurso teórico da anatomoclínica.

Porém as *exceções* também existiam no campo da medicina clínica no que dizia respeito à histeria. Freud se inscreveu na série constituída por essas exceções, que subverteram então o campo da clínica. Por esse viés de *subversão da clínica*, pôde constituir a psicanálise e a metapsicologia, face e verso de um empreendimento que teve na histeria o seu canteiro de obras.

Discurso e intensidades: a nova da cena clínica

Assim, na segunda metade do século XIX, alguns ilustres representantes do campo da medicina clínica passaram a se interessar vivamente pela histeria. A curiosidade intelectual, aliada ao interesse de cuidar desses indivíduos sofrentes, diagnosticados com (acusados de) histeria, lhes movia. Afinal, aqueles indivíduos de fato sofriam, nos registros do corpo e do psiquismo, e tinham que ser cuidados. Para isso, era preciso descobrir as causas de seus males, que contrariavam o discurso dominante da anatomoclínica. Esses ilustres clínicos tiveram, enfim, a coragem de comprar o desafio teórico colocado pela histeria ao discurso da anatomoclínica.

O mais importante dentre esses médicos ilustres foi sem dúvida Charcot. Professor de neurologia da Faculdade de Medicina de Paris, Charcot propôs organizar e classificar o conjunto das enfermidades neurológicas até então recenseadas pela medicina clínica segundo os cânones do discurso teórico da anatomoclínica. Ganhou com isso reputação internacional, sendo considerado o neurologista mais importante de sua época. Emperrou, contudo, na histeria, que deixara propositalmente para o final de seu projeto teórico-clínico, justamente porque já sabia de antemão dos impasses que ela colocava para o discurso anatomoclínico. No entanto, foi adiante no desafio que estava colocado, movido pela curiosidade científica e para tentar aliviar, como clínico zeloso que era, as dores dos enfermos.

Não pôde, é claro, realizar a leitura anatomoclínica da histeria, pela disjunção entre os registros do ver e do dizer que estava em pauta. Porém, inaugurou um campo original de investigação clínica da histeria, buscando articular a produção desta como enfermidade ligada aos acidentes ferroviários, bastante comuns na segunda metade do século XIX em função da disseminação do trem como meio de transporte coletivo na Europa. Enunciou, assim, uma hipótese traumática para a histeria, na qual esta seria o efeito de um *trauma* que incidiria sobre o sistema nervoso central. Formulou então uma nova hipótese etiológica, segundo a qual existiria na histeria uma lesão *funcional* no sistema nervoso, que não poderia ainda ser verificada com os métodos científicos da anatomia patológica então disponíveis. Supunha, no entanto, que no futuro essa verificação seria possível, pelo avanço nas técnicas de exame da anatomia patológica do sistema nervoso.

Ao lado disso, a importância do trabalho de Charcot foi ter utilizado a *hipnose*, tanto como método de pesquisa quanto de tratamento para a histeria. Reabilitou, assim, um método de pesquisa e de terapêutica que fora lançado ao ostracismo e negativizado na tradição científica francesa durante todo o século XIX,[41] desde que a Academia de Ciências de Paris considerou charlatanismo as práticas miraculosas reali-

---

[41] Barrucand, D. *Histoire de l'hypnose en France*. Paris: PUF, 1967.

zadas por Mesmer.[42,43,44] Enfim, pelo indiscutível prestígio científico de Charcot, a hipnose foi reabilitada e novamente utilizada no mercado simbólico da pesquisa, principalmente no campo das técnicas terapêuticas.

Pela hipnose, contudo, Charcot descobriu que havia experiências psíquicas nos enfermos, não narradas pelo eu num estado de plena consciência. Outros espaços psíquicos começaram então a ser assim vislumbrados e esboçados, apesar de serem silenciosos e não enunciados pelo eu na experiência da consciência.[45] Contudo, no lusco-fusco desta, começaram a irromper e a se deslocar da invisibilidade, enunciando-se, enfim, como discurso.

Freud foi aluno de Charcot, em Paris, onde residiu por alguns meses como estagiário, com uma bolsa de estudos. Essa experiência transformou a sua vida, pois pôde então adentrar nos novos enigmas colocados pela histeria e pela hipnose para o discurso da medicina clínica. Inscreveu-se, assim, nas inquietações teóricas do mestre e compartilhou sua linha de pesquisa, que era bastante diferente do que se colocava então na tradição científica de Viena.[46,47]

---

[42] Mesmer, F. A. *Le magnetisme animal*. Paris: Payot, 1971.
[43] Rausky, F. *Mesmer et la révolution thérapeutique*. Paris: Payot, 1977.
[44] Thorntom, E. M. *Hypnotism, hysteria, and epilepsy: an historical synthesis*. Londres: William Heinemann, 1976.
[45] Charcot, J. M. *L'hystérie*. Textos escolhidos e apresentados por E. Trilliat. Toulouse: Privat, 1971.
[46] Freud, S. "Report on my Studies in Paris and Berlin" (1886). In: Freud, S. *The Standard Edition of the Complete Psychological Works of Sigmund Freud*. Volume I. Op. cit.
[47] Freud, S. "Charcot" (1893). Idem.

Em seguida, foi discípulo em Nancy de Bernheim, que trabalhava também sistematicamente com a hipnose e a sugestão no tratamento da histeria. Pôde então aprofundar bastante o manejo da hipnose como método terapêutico e introduzir-se numa outra leitura da histeria, diferente da de Charcot. Com efeito, para Bernheim a histeria era uma perturbação psíquica provocada pela autossugestão, isto é, os histéricos eram indivíduos *autossugestionáveis*. Daí poderem ser curados pela *sugestão*, sob hipnose, na medida em que a sugestão, enunciada pelo hipnotizador, funcionava como uma *contrassugestão* em face da sugestão estabelecida pelo histérico. Vale dizer, a contrassugestão desfazia a sugestão estabelecida pelo indivíduo, mediante o enunciado de outra sugestão.[48,49]

Na proposição teórica enunciada por Bernheim, portanto, não existiria mais na histeria qualquer lesão no sistema nervoso central, nem mesmo a lesão funcional enunciada por Charcot. A ruptura teórica com o discurso (teórico) da anatomoclínica era bastante radical aqui, com Bernheim, pois Charcot ainda se manteve ligado a esse discurso, não obstante os avanços teóricos e clínicos incontestáveis que realizou para a renovação da leitura da histeria.

Freud, no entanto, empreendeu a crítica sistemática e rigorosa tanto da leitura de Charcot quanto da que foi empreendida por Bernheim sobre a histeria. Com efeito, se em

---

[48] Bernheim, M. *L'hystérie: Definition et conception. Pathogénie Traitement*. Paris: O. Donn et fils, 1913.
[49] Freud, S. "Preface to the translation of Bernheim's suggestion" (1888). Idem.

face de Charcot o alvo de sua crítica era a inscrição deste ainda no discurso teórico da anatomoclínica, a sua diferença com Bernheim se centrava, em contrapartida, na ausência de qualquer materialidade enunciada por este, no que dizia respeito ao que efetivamente acontecia na histeria. Para Freud, portanto, deveria existir uma materialidade qualquer para a produção da sugestão mórbida e da contrassugestão terapêutica na experiência da histeria. Porém, essa materialidade não seria de ordem anatomoclínica, decididamente.

A solução teórica que Freud ofereceu aqui e enunciou posteriormente, para superar a dupla crítica que realizara, era que a dita *materialidade* se inscrevia de fato no psiquismo como um *traço*, que marcaria o indivíduo de maneira indelével. A sugestão mórbida se inscrevia então como traço psíquico, conduzindo à produção dos sintomas histéricos. Esse traço psíquico se configuraria no campo das *representações*, constituindo *cenas* que se apoderariam do sujeito e que se manifestariam, enfim, como sintomas histéricos.

Ao lado disso, o que Freud pôde efetivamente aprender, no seu percurso com esses dois mestres, foi que existiria uma efetividade terapêutica da *linguagem* e do *discurso*. Com efeito, se a hipnose e a sugestão poderiam efetivamente curar os sintomas da histeria, isso se deveria ao fato de que essa e aquela operariam pela mediação inequívoca da linguagem e do discurso. Por isso mesmo, Freud ficou tão seduzido e interessado pela narrativa clínica de Ana O., realizada pelo seu terceiro mestre, Breuer,[50] na medida em que

---

[50] Freud, S., Breuer, J. *Études sur l'hystérie*. Op. cit.

a paciente em questão denominou o tratamento que realizara com Breuer de "cura pela palavra".

Freud, contudo, já estava na pista teórica dessa eficácia terapêutica pela linguagem antes de seu encontro decisivo com Breuer. Foi em decorrência disso que escreveu o seu longo ensaio sobre as afasias[51] e o ensaio mais curto sobre o "Tratamento psíquico".[52] De certo não foi um acaso que ambos tenham sido publicados em 1891, face e verso que eram da mesma problemática teórica. Com efeito, se no ensaio sobre a afasia a sua proposição teórica fundamental era a de que o psiquismo era um aparelho da linguagem, no ensaio sobre o tratamento psíquico o que estava em pauta era que tal tratamento se realizava pela mediação do discurso. Vale dizer, se o discurso era de fato eficaz no tratamento psíquico, isso se devia ao fato de que o aparelho psíquico estaria fundado na linguagem.

O que aprendeu com Breuer, no entanto, foi que o psiquismo não era apenas fundado na linguagem, mas implicava também a circulação de *intensidades*. O aparelho psíquico seria constituído pela articulação entre representações e intensidades.[53] A experiência clínica com a terapêutica catártica, realizada com Breuer, lhe mostrou a importância crucial das intensidades no funcionamento psíquico e nas

---

[51] Freud, S. *Contribution à l'étude des aphasies*. Op. cit.
[52] Freud, S. "Psychical (or mental) Treatment" (1891). In: *The Standard Edition of the Complete Psychological Works of Sigmund Freud*. Volume II. Op. cit.
[53] Freud, S. "Esquisse d'une psychologie scientifique". In: Freud, S. *Naissance de la psychanalyse*. Op. cit.

perturbações do psiquismo.[54] Por isso mesmo, a paciente Ana O. dizia para Breuer que a terapêutica catártica seria uma "limpeza da chaminé", pela qual as intensidades psíquicas, em estado de excesso, poderiam ser depuradas e decantadas.

Porém a ruptura teórica de Freud com Breuer foi inevitável, na medida em que passou a considerar a sexualidade como dimensão fundamental do aparelho psíquico. Com efeito, seria sempre a sexualidade que estaria implicada não apenas no campo dos traços psíquicos, mas também na circulação das intensidades psíquicas. Essas imantariam, enfim, as cenas psíquicas que seriam sempre eróticas.

Seriam, assim, os efeitos da sexualidade nesse duplo registro psíquico (representação e intensidade) que conduziriam à divisão psíquica a que já me referi anteriormente. Se inicialmente a sexualidade foi enunciada pela ação de experiências traumáticas, da ordem da sedução,[55] posteriormente o sexual em questão foi explorado por Freud pela via da existência da *sexualidade infantil*, denominada de *perverso-polimorfa*.[56] Nessa segunda versão, o que passou a caracterizar o registro psíquico do inconsciente foi a presença disseminada da dita sexualidade infantil, sob a forma do enunciado do *desejo*,[57] tal como o discurso freudiano forma-

---

[54] Freud, S., Breuer, J. *Études sur l'hystérie*. Op. cit.
[55] Freud, S. "L'étiologie de l'hystérie" (1896). In: Freud, S. *Névrose, psychose et perversion*. Paris: PUF, 1973.
[56] Freud, S. *Trois essais sur la théorie de la sexualité*. 1º Ensaio. Op. cit.
[57] Freud, S. *L'interpretation des rêves*. Capítulo II. Op. cit.

lizou desde o capítulo VII de "A interpretação dos sonhos" e sistematizou posteriormente de forma canônica nos "Três ensaios sobre a teoria da sexualidade".[58]

Tópica, dinâmica e economia

Porém, se o aparelho psíquico se divide em diversos e diferentes espaços, de maneira a descentrar o sujeito dos registros da consciência e do eu, isso se deve à ação efetiva das intensidades a que me referi acima. Isso evidencia que o psiquismo seria permeado pela *conflitualidade* e que seria essa que o conduziria inequivocadamente à dissociação e à divisão. A conflitualidade e a divisão evidenciariam a face e o verso da mesma problemática, a de que o aparelho psíquico seria permeado por intensidades e que essas investiriam o campo das representações psíquicas.

Essas intensidades e conflitualidades delineiam assim outras dimensões que perpassam o aparelho psíquico, evidenciando outros registros presentes na metapsicologia freudiana. Assim, se até agora enfatizei que o aparelho psíquico concebido no discurso freudiano indicava a existência de diferentes espaços psíquicos, o que se enuncia agora é que tais espaços são também atravessados por *forças* e por *investimentos*, que não apenas colocam esses espaços psíquicos em movimento; tais movimentos configuram diferentes e diversas relações entre tais espaços. Esses não seriam en-

---

[58] Freud, S. *Trois essais sur la théorie de la sexualité*. Op. cit.

tão *estáticos*, mas *dinâmicos*, em decorrência das forças e dos investimentos que lhes atravessam.

Dessa forma, o aparelho psíquico configurado por Freud não apresentaria apenas diferentes espaços heterogêneos, mas seria atravessado por forças que estabeleceriam relações conflitivas com outras forças, em decorrência dos investimentos presentes nestas. Assim, o aparelho psíquico delineado por Freud seria constituído por três dimensões: *tópica* (espaço), *dinâmica* (conflito de forças) e *econômica* (intensidade).

Seria pela consideração devida dessas três dimensões que se produziria a divisão psíquica e o conflito. O descentramento do sujeito dos registros da consciência e do eu em direção ao registro psíquico do inconsciente seria o efeito conjugado dessa tripla dimensão do aparelho psíquico. O que o discurso freudiano denominou de *defesa*[59] e *recalque*[60], como agenciadores cruciais da divisão e do conflito psíquicos, deveriam ser então considerado pela ênfase colocada nas dimensões tópica, dinâmica e econômica do aparelho psíquico.

Em decorrência disso, o discurso freudiano denominou de metapsicologia uma leitura dos processos psíquicos que procurasse dar conta dessa tripla dimensão *analítica*, que deveria ser portanto contemplada na leitura rigorosa de qualquer processo psíquico.

---

[59] Freud, S. "Les psychonévroses de défense" (1894). In: Freud, S. *Névrose, psychose et perversión*. Op. cit. Freud, S. "Nouvelles remarques sur les psychonévroses de défense" (1896). Op. cit.

[60] Freud, S. "Le refoulement" (1915). In: Freud, S. *Métapsychologie*. Op. cit.

Foi assim que a metapsicologia foi formalmente enunciada e definida no discurso freudiano, desde o capítulo VII de "A interpretação dos sonhos",[61] e posteriormente repetida ao longo da totalidade desse discurso. O ensaio de Freud de 1915 denominado "Metapsicologia" é um dos pontos de chegada, dentre outros, dessa leitura metapsicológica do aparelho psíquico. Ponto de chegada glorioso, aliás, na medida em que Freud procurou fundamentar aqui não apenas o seu método de leitura do psiquismo, mas também enunciar os seus *conceitos fundamentais*.

Iniciemos, pois, a leitura do primeiro ensaio dessa obra intitulada "As pulsões e seus destinos", na qual as diversas proposições já enunciadas aparecem em filigrana e aprofundadas, formalizadas de maneira magistral numa escrita elegante pela sua concisão. A *ousadia* teórica marca esse ensaio de Freud de modo eloquente, como se verá em seguida.

---

[61] Freud, S. *L'interpretation des rêves*. Capítulo VII. Op. cit.

CAPÍTULO III – EPISTEMOLOGIA FREUDIANA

Abertura epistemológica

A abertura do ensaio sobre as pulsões está voltada para questões de ordem estritamente epistemológica. Assim, inicia-se justamente por considerações de ordem epistemológica numa linha de continuidade direta com o que eu já vinha tratando no capítulo anterior. É a *epistemologia* o que orienta a construção teórica da metapsicologia. É isso o que se impõe inicialmente para Freud.

Com efeito, não lhe seria possível começar a enunciar e a listar os conceitos fundamentais da metapsicologia sem realizar um trabalho teórico prévio, no qual pudesse oferecer as *linhas diretivas* para a fundamentação desses. Ou seja, não seria possível ao discurso freudiano forjar os conceitos fundamentais da metapsicologia sem que pudesse delinear anteriormente as linhas de força que presidiriam essa construção conceitual. Enfim, a construção metodológica de qualquer discurso científico implicaria necessariamente uma epistemologia; nenhum existiria sem referência a outro.

Entretanto, o que Freud quer discutir é a sustentação a qualquer custo da *cientificidade* da psicanálise. O que ele pretendia afirmar é que a metapsicologia era efetivamente um discurso científico, de fato e de direito, não se podendo confundi-la com uma especulação abstrata e vazia, desprovida de fundamentação teórica segura e consistente. É devido a essa preocupação crucial que Freud pretende enunciar os conceitos metapsicológicos fundamentais, a começar pelo conceito de pulsão.

Como Freud estabeleceu essa discussão epistemológica? Quais eram aqui os seus adversários teóricos? Quais pressupostos epistemológicos sustentava e quais criticava, nas proposições teóricas que enunciava para afirmar a cientificidade da metapsicologia?

Epistemologia e história das ciências

A argumentação de Freud é ao mesmo tempo bastante simples e clara ao sustentar a cientificidade da metapsicologia. A psicanálise não empreenderia nenhum procedimento diferente, com efeito, daquele realizado no campo dos demais discursos científicos. Isto é, *não se pode* e *não se deve* exigir da psicanálise, no que concerne à sua pretensão teórica de cientificidade, nada diferente daquilo que se demanda dos demais discursos científicos. A psicanálise deve ter exatamente o mesmo tratamento e a mesma consideração, enfim, reservados às demais ciências.[1]

Assim, é preciso reconhecer que as ciências há muito bem estabelecidas e consagradas não surgiram conceitualmente prontas e bem azeitadas. Pelo contrário, todas demoraram bastante até fixarem devidamente seus conceitos fun-

---

[1] Freud, S. "Pulsions et destins des pulsions". In: Freud, S. *Métapsychologie*. Op. cit., p. 11-12.

damentais e seus procedimentos metodológicos. Além disso, um longo período foi também necessário para o estabelecimento da *hierarquia* lógica entre os seus diversos conceitos.

Com efeito, não foi pela construção clara e bem definida destes que essas ciências foram estabelecidas e reconhecidas como tal. Para que isso de fato ocorresse, foi preciso que elas convivessem e ultrapassassem diversos momentos de dúvida e de perplexidade, que permearam o desenvolvimento dessas ciências até que seus conceitos fundamentais pudessem ser devidamente cristalizados, estabelecidos e reconhecidos. Enfim, os discursos científicos não foram construídos de maneira dedutiva e axiomática, como poderia ocorrer com a lógica e a matemática.

Além disso, o que uma ciência propõe inicialmente como seus conceitos fundamentais constitutivos transforma-se muito ao longo do desenvolvimento natural dessa ciência, de modo que uma proposição inicial fundadora pode ser deslocada e perder sua primazia em detrimento de outros conceitos. Isto é, qualquer ciência tem uma *história* indissociável de sua construção teórica, com os seus erros e acertos.

Analisar a construção teórica de qualquer discurso científico requer portanto examinar também a sua história, de maneira que a epistemologia da ciência se desdobraria necessariamente numa *história da ciência*. A leitura rigorosa de um determinado discurso científico implicaria a consideração crítica da história da formação de seus conceitos destacando sempre os seus erros e acertos, constitutivos desse discurso científico na sua especificidade teórica.

É claro que, ao realizar tais comentários introdutórios à *Metapsicologia*, Freud se referia explicitamente ao campo das *ciências da natureza*, que representavam nesse contexto histórico os *modelos* teóricos incontestáveis daquilo que seria e deveria ser uma ciência propriamente dita. Dentre elas destacava-se a *física* como a configuração teórica por excelência do modelo da cientificidade.[2] Porém a química e a biologia estavam também incluídas, de maneira indireta, não apenas por se pautarem pelo modelo teórico da física, mas também por se valerem dos conceitos desta nos seus enunciados. Portanto, seria em relação a essas disciplinas e à física em particular que Freud teceria o seu argumento epistemológico, sustentando que para que as ditas ciências da natureza pudessem finalmente fixar os seus conceitos fundamentais fora necessário um longo período, perpassado por erros e acertos cruciais que delinearam a construção de seus discursos. Enfim, no campo das diversas ciências naturais, as proposições teóricas primordiais foram transformadas posteriormente pelo próprio desenvolvimento da pesquisa.

Qual é a moral de toda essa história? Não se deve cobrar da psicanálise o que não se exigiu das demais ciências, quando estas historicamente se constituíam, com seus erros e acertos, acompanhados de dúvidas e perplexidade por seus teóricos. Se uma ciência já está consagrada e reconhecida na atualidade, seus teóricos não devem esquecer do seu processo de formação, marcado pelos impasses destacados. Eles deveriam evocar as reminiscências de suas histórias acidentadas, nem sempre assinaladas por momentos de glória, mas também por impasses e fracassos retumbantes.

---

[2] Ibidem.

Deveriam esses teóricos, portanto, ter em relação à psicanálise a mesma flexibilidade e complacência teóricas que tiveram os seus antepassados, na história da formação das ciências então consagradas. Na medida em que é uma ciência nova, a psicanálise ainda tateia na fixação formal de suas bases e no enunciado de seus conceitos fundamentais, como outrora ocorreu com os demais discursos científicos.

"Devagar com o andor", poderia dizer Freud à comunidade científica de então, se fosse brasileiro e acreditasse nos santos. Do contrário a charola poderia quebrar e colocar impasses insuperáveis para a construção da psicanálise, negando-lhe o crédito e a oportunidade que tiveram as demais ciências ao longo de sua formação.

A epistemologia e o estilo do discurso freudiano

É preciso evocar agora que Freud, nessa argumentação epistemológica, enuncia as mesmas proposições que formulara um ano antes, justamente na abertura de seu ensaio sobre o narcisismo. Com efeito, em "Introdução ao narcisismo", de 1914, o discurso freudiano já enunciava com mais vagar as mesmas considerações epistemológicas, repetidas de maneira mais condensada,[3] aliás. Se condensou seus argumentos, foi ao mesmo tempo para não se repetir e para retomar o fio de prumo da mesma problemática em questão.

---

[3] Freud, S. "Pour introduire le narcissisme" (1914). In: Freud, S. *La vie sexuelle*. Paris: PUF, 1973.

Isso evidencia, contudo, a presença de um *estilo* retórico no discurso freudiano que se repete ao longo da construção teórica da psicanálise. Assim, quando Freud se defrontava com a constituição e a introdução de um novo conceito em psicanálise, de maneira sistemática e rigorosa, ele enunciava sempre certos princípios epistemológicos sobre a cientificidade em geral. Essa evocação se impõe então como um imperativo incontornável para legitimar a cientificidade do seu procedimento teórico, marcando, enfim, de maneira indelével, o seu estilo discursivo.

Foi esse o caso exemplar de seu comentário inicial em "Introdução ao narcisismo", para legitimar a leitura que realizava então dos conceitos de eu e de narcisismo em psicanálise, de maneira a constituir a problemática de um eu eminentemente narcísico e não realista, como estava constituído na tradição teórica da psicologia. Da mesma maneira, quando pretendeu nessa obra de 1915 expor de forma sistemática e articulada a *cartografia* dos conceitos fundamentais da metapsicologia, o mesmo imperativo epistemológico se enunciou no discurso teórico de Freud.

Cientificidade em questão

No entanto, se Freud insiste novamente em afirmar a cientificidade da psicanálise na abertura da *Metapsicologia* e precisa evocar ainda a posição similar daquela face às demais ciências legitimadas e reconhecidas de então, isso se deve à existência da *contestação* efetiva da cientificidade da psicanálise, no contexto histórico dos anos iniciais do século XX. Essa contestação era oriunda tanto do campo das ciências quanto do campo da filosofia. No que concerne a esses âmbitos do saber, a psicanálise era contestada na sua pretensão à cientificidade de maneira ampla e geral, se bem que não irrestrita.

Assim, desde que Freud realizou uma conferência em Viena, em 1896, na qual apresentou a teoria do trauma e da sedução das psiconeuroses, sua leitura foi considerada um "conto de fadas científico".[4] Essa crítica foi realizada, nada mais nada menos, por Krafft-Ebing, que escrevera na segunda metade do século XIX a obra de referência da sexologia, intitulada *Psicopatia sexualis*.

Estamos aqui num tempo anterior à formação do discurso psicanalítico, é verdade. Porém as críticas não silenciaram desde então, mas, pelo contrário, se acentuaram e se avolumaram com a sua formação. A contestação da cientificidade da psicanálise acompanhou a sua formação e história de maneira implacável, e se inscreveu desde sempre no discurso freudiano, ainda em seus primórdios.

Desde a publicação de "A interpretação dos sonhos", em 1900, o não reconhecimento científico persistiu. A psicanálise começava a se constituir formalmente. No entanto, pela consideração da hipótese teórica enunciada (o sonho como realização do desejo)[5] e do método de análise de sonho proposto (livre associação do analisando),[6] a obra foi interpretada como uma leitura *estética* do sonho e não como

---

[4] Strachey, J. In: Freud, S. "Sexuality in the aetiology of the neuroses" (1896). In: *Standard Edition of the Complete Psychological Works of Sigmund Freud*. Volume III. Op. cit.
[5] Freud, S. *L'interpretation des rêves*. Capítulo VII. Op. cit.
[6] Ibidem.

uma teoria científica propriamente dita.[7] Desde então pairou a suspeita sobre a não cientificidade da psicanálise, sempre renovada ao longo da história, sem qualquer trégua. Portanto, a formulação de Freud quanto à cientificidade da psicanálise, na abertura da *Metapsicologia* e do ensaio sobre as pulsões, é mais um dos múltiplos capítulos dessa interlocução epistemológica empreendida por ele.

O que estava em questão, afinal de contas? Um debate teórico com a tradição filosófica do *neopositivismo*, que ganhara poder acadêmico no contexto histórico das primeiras décadas do século XX. Não se pode esquecer que essa tradição tomou forma e corpo, conferindo um novo alento para a leitura positivista da ciência iniciada no século XIX, com a constituição do Círculo de Viena; a psicanálise se constituiu no mesmo contexto social e histórico do discurso filosófico neopositivista.

Dentre as diversas formulações enunciadas pelo *empirismo lógico* sobre a cientificidade, deve-se evocar aqui ao menos uma delas, pela qual a psicanálise era colocada em questão. Assim, a condição para legitimar e reconhecer cientificamente um determinado enunciado teórico seria a possibilidade de *verificá-lo* empiricamente, de acordo com a formulação axial de Carnap.[8,9,10] Dessa maneira, tal enun-

---

[7] Ibidem. Capítulo VII.
[8] Bouveresse, J. "La théorie et l'observation dans la philosophie des sciences du positivisme logique". In: Chatelet, F. *Le XXe siècle. Histoire de la philosophie*. Volume I. Paris: Hachette, 1973, p. 76-134.
[9] Meotti, A. "El empirismo lógico". In: *Historia del pensamento filosófico y científico*. Volume VII. Barcelona, Ariel, 1984, p. 221-276.
[10] Wagner, P. "Carnap et la logique de la science". In: Wagner, P. (org.). *Le philosophie et la science*. Paris: Gallimard, 2002, p. 246-298.

ciado teria *sentido*. Com efeito, os enunciados científicos poderiam então ser verificados e dotados de sentido, enquanto os filosóficos seriam metafísicos, pois *não teriam sentido* e seriam impassíveis de verificação.

O que se colocava, então, era a impossibilidade de verificação dos enunciados metapsicológicos. Estes não teriam sentido, pois não poderiam ser verificados empiricamente. Com isso, aproximariam-se de seus congêneres no campo da filosofia, sendo, portanto, de ordem estritamente *metafísica*.

Freud, todavia, queria sustentar a todo custo a cientificidade da psicanálise. A sobrevivência efetiva da disciplina dependeria disso. Para tanto, elaborou contextos discursivos nos quais os enunciados metapsicológicos poderiam ser efetivamente comprovados e asseverados. Foi por essa razão que publicou de 1895 a 1920, diversas monografias clínicas com preocupações epistemológicas, além de político-científicas.[11,12,13,14,15,16,17] Com efeito, além de promover a difusão

---

[11] Freud, S. e Breuer, J. *Études sur l'hystérie*. Op. cit.

[12] Freud, S. "Fragment d'une analyse d'hystérie (Dora)" (1905). In: Freud, S. *Cinq psychanalyses*. Paris: PUF, 1975.

[13] Freud, S. "Analyse d'une phobie chez un petit garçon de 5 ans (Le petit Hans)" (1909). Idem.

[14] Freud, S. "Remarques psychanalytiques sur l'autobiographie d'un cas de paranoïa (Dementia paranoides) (Le President Schreber)" (1911). Idem.

[15] Freud, S. "Extrait de l'histoire d'une névrose infantile (L'homme aux loups)" (1918). Idem.

[16] Freud, S. "Remarques sur un cas de névrose obsessionnelle (L'homme aux rats)" (1909). Idem.

[17] Freud, S. "Psychogénèse d'un cas d'homosexualité féminine" (1920). In: Freud, S., *Névrose, psychose et perversion*. Op. cit.

da psicanálise e a formação dos analistas, essas monografias pretendiam indicar a inserção teórica da metapsicologia no campo da experiência clínica, para que se pudesse sustentar, assim, a verificação dos conceitos propostos pela disciplina.

Portanto, foi em decorrência desse debate interminável e que persistiu por décadas após a sua morte, que Freud retomou a problemática da fundamentação epistemológica da psicanálise, na abertura de "As pulsões e seus destinos", para justificar a cientificidade da metapsicologia e da psicanálise.

Formação do discurso científico

É pela devida consideração do fio de prumo dessa problemática que se pode aquilatar devidamente o peso dos argumentos epistemológicos lançados por Freud nesse ensaio, assim como os seus comentários breves e as suas ênfases sobre a construção dos discursos científicos.

O que Freud nos enuncia aqui de efetivamente substantivo?

Antes de mais nada, que nenhuma ciência se inicia pela *descrição* regular dos fenômenos, que seriam apenas em seguida *reunidos*, *ordenados* e *inseridos* em *relações*. Vale dizer, a descrição empírica se realizaria ao mesmo tempo que a *sistematização* do campo científico em questão, não precedendo então a esse,[18] de fato e de direito. Enfim, esses procedimentos teóricos ocorreriam simultaneamente.

---

[18] Freud, S. "Pulsions et destines des pulsions". In: Freud, S. *Métapsychologie*. Op. cit.

Assim, a suposta *empiria* não seria *originária*, pois desde o começo a descrição já se realizaria pela mediação de ideias *abstratas*, que configurariam o campo dos fenômenos em pauta. Essas ideias abstratas não seriam extraídas ou proviriam apenas da experiência empírica atual, mas a precederiam. Portanto, Freud não era nem um empirista nem tampouco um positivista, no sentido estrito do termo, pois supunha que a prática científica começaria pela proposição de ideias abstratas para ordenar efetivamente o campo dos fenômenos. Estes seriam, assim, não apenas ilegíveis como também não interpretáveis sem a mediação dessas ideias abstratas que lhes precederiam, de fato e de direito.[19]

Evidentemente, tais ideias abstratas poderiam ser verificadas ou refutadas posteriormente, na sua efetividade interpretativa, pela própria prática científica. Poderiam, assim, ser retificadas, contestadas ou referendadas, em nome do imperativo do rigor e da precisão conceitual, que deveria estar presente na descrição a ser realizada pelo discurso científico.

De qualquer maneira, no início de qualquer prática científica, seria a *indeterminação* o que caracterizaria as ditas ideias abstratas. O conteúdo destas seria fluido e impreciso, de maneira que apenas com a continuidade da pesquisa o rigor e a precisão teórica se realizariam no seu conteúdo. Foi assim que ocorreu historicamente com as ciências então legitimadas, e deveria ser reconhecido e outorgado também o mesmo direito teórico para a psicanálise.[20]

---

[19] Ibidem.
[20] Idem.

É claro também que se deve multiplicar progressivamente as referências empíricas para as ideias abstratas, de modo que estas possam oferecer maior consistência teórica ao campo científico em questão.[21] Uma mobilidade constante se estabelece então, desde o início, entre o campo empírico e o registro das ideias abstratas, que se remeteriam mutuamente, numa espiral crescente e complexa. Porém, não resta qualquer dúvida de que tais ideias abstratas funcionam verdadeiramente como *convenções*, que delineariam as relações já sublinhadas e a ampliação dos ditos contextos empíricos. Essas relações, no entanto, não podem ser verificadas inicialmente, mas apenas mais tarde, com o progresso da pesquisa científica.[22]

Contudo, seriam justamente essas ideias abstratas que se transformariam depois nos conceitos fundamentais do discurso científico em questão. Somente então seria possível enunciar as suas definições, do ponto de vista formal, eliminando as possíveis contradições e paradoxos remanescentes.[23] Sem essa liberdade e mobilidade na realização da pesquisa, no entanto, os enunciados científicos poderiam ficar *rígidos*, engessados, enfim, pois o "progresso científico não toleraria qualquer rigidez nas definições".[24] Isso seria o pior que poderia acontecer.

Foi nesse contexto discursivo específico que Freud evocou o exemplo da física, na medida em que essa discipli-

---

[21] Ibidem, p. 12.
[22] Ibidem.
[23] Ibidem.
[24] Ibidem.

na representava então o modelo de cientificidade por excelência: "... como o exemplo da física ensina de maneira estridente, mesmo os 'conceitos fundamentais', que foram fixados nas definições, têm os seus conteúdos constantemente modificados[25]."

Podem-se depreender então facilmente as escolhas epistemológicas do discurso freudiano, quando se propõe a realizar as definições dos conceitos fundamentais da metapsicologia. Antes de mais nada, a crítica sistemática da exigência imediata de verificação dos conceitos propostos, na medida em que tal verificação pode ser realizada apenas posteriormente, com o avanço teórico do conhecimento científico em questão. Em seguida, Freud enuncia que o discurso científico não se inicia jamais como uma *tabula rasa*, como proporia o discurso teórico fundado no empirismo radical, numa modalidade de descrição pura dos fenômenos. Isso porque a descrição dos fenômenos seria sempre permeada *pela* presença de ideias abstratas, ainda marcadas pela indeterminação. Seriam essas ideias abstratas que seriam transformadas posteriormente nos conceitos fundamentais do discurso científico em pauta, na medida em que se mostrassem eficazes na descrição do campo fenomênico em questão, enfim, ao sobreviverem às interpelações colocadas pela própria pesquisa científica.

Foi com esse paradigma epistemológico, portanto, que Freud pretendeu construir sistematicamente o discurso teórico da metapsicologia, duas décadas após o início da pesquisa psicanalítica. Isso se considerarmos o "Projeto de uma

---

[25] Ibidem. As aspas são de Freud.

psicologia científica" e o conjunto de textos publicados na década final do século XIX como o ponto de partida efetivo da pesquisa psicanalítica. Freud supunha poder transformar as ideias abstratas que formulara inicialmente em conceitos fundamentais da metapsicologia. Poderia, assim, transformá-las em definições, caracterizando-as pelo maior rigor e pela sistematização teóricos.

Para isso, o seu ponto de partida na metapsicologia foi o conceito de pulsão. Não por acaso, como ainda se verá em seguida, pois a pulsão foi aqui destacada como o conceito fundamental da metapsicologia, de onde derivariam necessariamente todos os demais.

CAPÍTULO IV – A PULSÃO

Força constante e força de impacto momentâneo

Freud admite, imediatamente, logo de início e sem tergiversar, que o conceito de pulsão (*Trieb*) seria ainda bastante "confuso" e nebuloso, mas julga necessário mesmo assim sustentá-lo para a construção do discurso teórico da metapsicologia. Isto porque esse conceito seria imprescindível, não podendo assim ser dispensado na leitura dos fenômenos psíquicos. Sem ele, com efeito, a prática científica da psicanálise não poderia se iniciar, tampouco se sustentar. Freud afirmou, então, sem qualquer constrangimento teórico: "Existe um conceito fundamental convencional desse gênero, ainda agora bastante confuso, do qual nós não podemos dispensar em psicologia: é o de *pulsão* (...)."[1]

Essa confusão se deveria ainda à marca da indeterminação da ideia abstrata da qual se originou o dito conceito. Indeterminação relativa, bem entendido, mas mesmo assim indeterminação. Para superar a indeterminação aqui em causa, necessário seria contornar um obstáculo teórico para finalmente enunciar esse conceito fundamental da metapsicologia com o rigor que então se impunha. Como abordar então esse impasse e fundamentar assim o conceito em questão?

---

[1] Ibidem, p. 12.

Antes de mais nada, a metapsicologia precisaria recorrer inicialmente ao discurso da *fisiologia*, para destacar devidamente os conceitos de *excitação* e do esquema do *reflexo*, que seria a sua contrapartida teórica. Somente em seguida, pelo enunciado de alguns critérios distintivos, poder-se-ia diferenciar esse conceito do de pulsão.

Portanto, seria à fisiologia e em especial à fisiologia do sistema nervoso que Freud precisaria teoricamente recorrer, para poder circunscrever de início esse conceito fundamental da metapsicologia. Seria então à referência teórica à fisiologia como ciência circunscrita e bem estabelecida em termos experimentais que o discurso psicanalítico sobre o psíquico precisaria aludir para poder se fundar na sua diferença teórica e na sua especificidade conceitual.

O que nos ensinaria então a fisiologia do sistema nervoso? Antes de mais nada, que qualquer excitação proveniente do exterior da substância nervosa seria *descarregada* em direção ao *exterior* do organismo, por meio de uma *ação*. Seria pela mediação desta que o tecido nervoso se subtrairia da excitação, buscando expulsá-la de seu domínio, e a distanciaria do seu território interior, interrompendo a sua influência perturbadora. Seria essa ação de descarga o que constituiria efetivamente o esquema do reflexo propriamente dito.[2] Seria essa, enfim, a função primordial do arco reflexo na regulação do organismo.

Seria, assim, em oposição à excitação que a pulsão poderia ser enunciada como um conceito metapsicológico e não mais fisiológico. Porém, não se poderia pensar ingenuamente que a pulsão seria uma excitação psíquica, pois o

---

[2] Ibidem, p. 13.

psiquismo receberia também outras excitações provenientes do interior do organismo, que seriam uma sequência de excitações fisiológicas propriamente ditas. Existiriam, então, excitações fisiológicas igualmente eliminadas pela descarga e pela ação reflexa imediata, mas provenientes tanto do *exterior* quanto do *interior* do organismo. Estas, contudo, não seriam exatamente excitações pulsionais.[3] Enfim, não seria em si mesma a mera *origem* da excitação em causa, interna ou externa ao organismo, o que diferenciaria *decisivamente* a excitação fisiológica da excitação pulsional; seria necessário ainda enunciar outros critérios distintivos.

Assim, as excitações pulsionais seriam também oriundas do interior do organismo, como ocorria com uma das modalidades da excitação fisiológica. Porém, a *forma de ser* de ambas seria diferente, pois o *impacto* sobre o aparelho nervoso não seria o mesmo nos dois casos. Se a forma de ser e o impacto da excitação pulsional não seriam os mesmos que os da excitação fisiológica, a modalidade de ação para lidar com uma não poderia ser a mesma que a de outra, para que o organismo pudesse se contrapor à perturbação em causa. Seria essa a conclusão inicial que se poderia tirar, enfim, dessa oposição conceitual.

Dito isto, a questão que se coloca é como diferenciar efetivamente uma excitação fisiológica, externa e interna ao organismo, de uma excitação pulsional, sempre interna ao organismo?

Assim, a excitação fisiológica agiria como uma força de *impacto único*, que pode ser devidamente eliminada por uma

---

[3] Ibidem, p. 13.

única ação apropriada, isto é, a descarga realizada pelo ato reflexo. O impacto único seria então a sua forma de ser. É claro que tal impacto poderia se repetir muitas vezes e até mesmo se somar a outros impactos de igual natureza, mas isso em nada modificaria a *concepção* do processo em pauta. Isso porque a regulação e a eliminação da excitação se faria sempre da mesma maneira. Portanto, a excitação fisiológica agiria sempre como uma *força de impacto único e momentâneo*, que é a sua forma de ser, mesmo que esse processo pudesse ser repetido infinitamente, na medida em que o que estaria sempre em pauta seria a descarga pela ação reflexa.[4]

Em contrapartida, a excitação pulsional não seria jamais uma força de impacto único e momentâneo, caracterizando-se como uma *força constante*. Porém, como seria ainda proveniente do interior do organismo, não existiria qualquer possibilidade de *fuga*; não se poderia eliminar a excitação pulsional, com efeito, pela ação reflexa.[5] Por se caracterizar pela força constante, a excitação pulsional provocaria uma *perturbação* também constante no aparelho nervoso, que teria que dispor de alguma outra modalidade de procedimento funcional para regulá-la.

Pode-se denominar essa excitação pulsional de *necessidade*. Seria isso o que estaria decisivamente em pauta no imperativo da força constante. Porém, como não se pode eliminar uma necessidade pela ação reflexa pura e simplesmente porque ela insiste e persiste, como uma força constante que se impõe de maneira irrevogável, a forma de regulá-la é encontrando outros meios para satisfazer sua exigência.

---

[4] Ibidem, p. 14.

[5] Ibidem.

Assim, somente pela *satisfação* dessa exigência constante seria possível eliminar a excitação pulsional, de maneira a suspender e regular o imperativo imposto pela necessidade.[6] Isso implicaria, portanto, modificar a *fonte* de tal excitação, pela satisfação que seria então promovida para se contrapor à necessidade. Para fazer frente a uma necessidade, enfim, seria preciso proporcionar a sua satisfação, pois não existiria qualquer possibilidade de fuga em face do seu imperativo e da sua insistência.

Interior e exterior

Destacando essa oposição axial que seria constitutiva do organismo, excitação pulsional e excitação fisiológica — pela qual se contraporiam a força de impacto único momentâneo e a força constante —, Freud pôde então propor a constituição *originária*, no organismo, entre dois registros e territórios. Opor-se-iam assim o *interior* e o *exterior* ao organismo, e a fronteira entre dois espaços do vivente. Com efeito, pela mediação dessa distinção excitatória o organismo poderia diferenciar originariamente os registros do *dentro* e do *fora*.[7]

Assim, seria a ação muscular e reflexa, de expulsão e de fuga da excitação fisiológica, o que possibilitaria diferenciá-la da excitação pulsional. Poder-se-ia dizer que seria pela mediação de tal reação que o organismo estabeleceria a distinção originária entre os registros da excitação e da necessidade pul-

---

[6] Ibidem.
[7] Ibidem.

sional, que se desdobraria na delimitação entre dois territórios no organismo, o interior e o exterior. Isto é, se a expulsão excitatória se realiza, o organismo pode fugir pela descarga e pela ação reflexa do que lhe perturba e afirmar, assim, que tal excitação proviria do exterior. Seria o espaço de fora o que estaria aqui em jogo. Caso contrário, a excitação viria do interior do organismo, inscrevendo-se então dentro dele.

Portanto, a fuga e sua impossibilidade seriam signos eloquentes que funcionariam como as condições concretas de possibilidade, no organismo originário, em estado de *desamparo* total e absoluto, para configurar o que lhe é interior e o que lhe é exterior.[8] A reação reflexa e a sua impossibilidade constituiriam uma oposição e forjariam uma diferença originária de signos vitais, que permitiriam ao organismo se *orientar* efetivamente no meio, pois seria tal orientação o que lhe possibilitaria se defender efetivamente da perturbação excitatória.

Dessa maneira, a relação do organismo com o registro de meio *ambiente* começa então a de fato se esboçar, pelo traçado de uma fronteira indelével entre os registros do *meio interno* e do *meio externo* (*ambiente*). Como se sabe, tais noções foram enunciadas pelo discurso da fisiologia, de maneira sistemática, por Claude Bernard.[9,10]

---

[8] Ibidem.
[9] Canguilhem, G. "La constitution de la physiologie comme science" (1963). In: Canguilhem, G. *Études d'histoire et de Philosophie des Sciences*. Paris: Vrin, 1968.
[10] Canguilhem, G. "L'idée de médicine expérimentale sélon Cl. Bernard" (1965). Idem.

Porém a diferença entre o discurso teórico da metapsicologia e o da fisiologia é o que permite afirmar a *gênese* e a *construção* na sobrevivência do organismo. E essa diferença apenas se impõe ao organismo pelos imperativos da adaptação face à sua sobrevivência, pois a excitação seria sempre perturbadora. Portanto, para se adaptar e se confrontar à adversidade perturbadora, o organismo é obrigado a constituir essa distinção. Enfim, as oposições interior/exterior e dentro/fora se fundariam originariamente na medida em que o organismo, num estado absoluto de desamparo, precisa se defender das excitações descarregando uma de suas modalidades excitatórias e inventando outra possibilidade de *defesa*, para se proteger devidamente da outra modalidade de excitação.

Excitação mínima

Se as coisas com efeito se passam dessa maneira, na oposição dos *critérios* conceituais previamente destacados, a pulsão seria então caracterizada por diversos aspectos. Antes de mais nada, a excitação se imporia *como* uma necessidade da qual o organismo não poderia simplesmente se esquivar, precisando expulsá-la, como ocorreria com as excitações fisiológicas, oriundas do interior e do exterior do organismo. A rigor, a diferença entre elas estaria no fato de que a excitação fisiológica se caracterizaria por ser uma força de impacto único e momentâneo, enquanto que a excitação (necessidade) pulsional seria uma força constante. Portanto, seria possível ao organismo promover a fuga de uma excitação fisiológica pela ação reflexa e muscular, o que não ocorreria com a excitação pulsional.

O discurso freudiano procede, assim, de maneira eminentemente não empirista, na sua descrição inicial dos registros do organismo e do psiquismo, pois este se diferenciaria daquele pela constituição do conceito de pulsão. Seria ainda pela existência dela que o interior do organismo se diferenciaria efetivamente do exterior.

Porém, com o encaminhamento dessa leitura epistemológica não empirista, é preciso colocar ainda em evidência que o que está aqui em pauta não é apenas a construção da pulsão como um dos conceitos fundamentais da metapsicologia, mas que esse conceito se funda ainda numa outra *pressuposição* teórica. Essa seria, assim, outra ideia abstrata a orientar Freud na sua construção metapsicológica e a lhe fazer se afastar ainda mais de uma epistemologia não empirista.

Seria somente pela referência necessária a uma pressuposição teórica que a construção do registro psíquico seria possível, na sua diferença específica com o registro do organismo. Qual seria essa pressuposição?

Freud afirma que ela seria de *ordem biológica*, operando com os conceitos de *tendência* e *adaptação*. O sistema nervoso, como um dos aparelhos do organismo, tem a *função* de colocar à distância todas as excitações que o atinjam e perturbem a sua *homeostasia*, com a *finalidade* primordial de mantê-las numa *baixa intensidade*. No limite, o que o organismo pretenderia efetivamente seria atingir um estado de *não excitação absoluta*, isto é, de *excitação zero*.

Isso implica enunciar um postulado sobre o aparelho nervoso, que teria a função primordial de *domínio das exci-*

tações, de natureza necessariamente perturbadora. O que o aparelho nervoso pretenderia, enfim, seria a suspensão absoluta de toda e qualquer excitação, para manter a excitabilidade do organismo no nível zero.[11]

Contudo, se esse postulado teórico evidencia uma posição epistemológica eminentemente não empirista e não-positivista na metapsicologia freudiana, por um lado, revela ainda algo que é de ordem bem mais radical, por outro. Isso porque tal postulado enuncia uma leitura da ordem da vida que foge aos cânones estritos do discurso biológico, ao fazer referência a uma dimensão *teleológica* da existência. O que a vida almejaria, do ponto de vista estritamente teleológico, seria a suspensão da própria vida, na medida em que esta seria fundada na excitabilidade do vivente em oposição à do não vivente. Enfim, a pressuposição teórica da metapsicologia, segundo Freud, evidencia uma leitura e a assunção de uma verdadeira filosofia da vida que se choca de frente com os pressupostos teóricos e os cânones positivos da biologia.

O que nos enuncia essa *filosofia da vida*, afinal? Nada mais nada menos que o organismo não suporta se manter vivo e quer morrer, pois pretende, no limite, se livrar totalmente de qualquer excitação. Isto é, a matéria viva almeja atingir e retornar à condição da matéria *inanimada*, de onde se originou numa perspectiva evolucionista, por um processo de diferenciação progressiva. O vivente pretenderia, enfim, retornar ao reino do *inorgânico* para não ser mais per-

---

[11] Freud, S. "Pulsions et destins des pulsions". In: Freud, S. *Métapsychologie*. Op. cit., p. 15.

turbado pelas excitabilidades e poder se manter então num estado de imobilidade absoluta.

Essa pressuposição teórica não é nova e já estava presente no discurso freudiano desde o seu início. A presença e insistência dessa pressuposição mostra que essa *crença* de Freud é bastante arraigada, orientando sua leitura da vida e constituindo-se como uma verdadeira filosofia da vida para ele. A mesma crença permanecerá ainda no percurso teórico posterior de Freud. Quanto a isso, o que se transformou no discurso freudiano foi o *destino* teórico e ético que conferiu a essa crença, isto é, como problematizou e argumentou a propósito disso.

Assim, vejamos.

No "Projeto de uma psicologia científica", já na abertura de seu capítulo inicial, Freud enunciara tal pressuposição teórica quando formulara que aquilo que o vivente almeja seria se livrar totalmente das excitações para atingir então o zero absoluto no que tange às intensidades. Denominou, assim, essa tendência originária do organismo de *princípio da inércia*. Porém, como isso seria impossível, pois a morte se imporia ao vivente de maneira inequívoca pela ausência de excitações, para não querer morrer e afirmar a vida, o organismo manteria o nível e o limiar da excitação mínima, eliminando a diferença como *resto*, pela descarga da ação reflexa. Com isso, o princípio da inércia seria transformado em *princípio da constância* e no *princípio do prazer-desprazer*, que seria o seu correlato.[12]

---

[12] Freud, S. "Esquisse d'une psychologie scientifique". In: Freud, S. *Naissance de la psychanalyse*. 1ª parte, II. Op. cit.

Nesse contexto teórico inicial, o discurso freudiano sustentava uma leitura *vitalista* da ordem da vida. Com efeito, com a transformação do princípio da inércia no da constância, seria o imperativo da vida o que seria aqui efetivamente soberano, mesmo que o vivente almejasse a suspensão de todas as excitações e retornar à quietude do reino inorgânico. A *afirmação da vida* se identificaria aqui com a busca do prazer e a evitação correlata do desprazer, que se instituiria com a diminuição das intensidades excitatórias. Essas não seriam zeradas, enfim, mas permaneceriam num limiar mínimo para a manutenção da ordem da vida.

Não é um acaso, decerto, que as referências a Claude Bernard sejam abundantes no discurso freudiano inicial, desde A interpretação dos sonhos[13] até o início dos anos 1920. Nesse contexto, o discurso freudiano é eminentemente *pansexualista*, pois a pulsão sexual seria a forma pela qual a afirmação da vida se realizaria pela sustentação do prazer[14] e a *força vital* tomaria assim corpo e forma.

Essa leitura vitalista não se sustentará mais, contudo, a partir da publicação de "Além do princípio do prazer", em 1920.[15] Com o enunciado da existência da pulsão de morte em oposição à pulsão de vida, a dinâmica pulsional passou a ser regulada pela oposição entre vida e morte. Esta se co-

---

[13] Freud, S. *L'interprétation des rêves*. Op. cit.

[14] Birman, J. "A biopolítica na genealogia da psicanálise: da salvação à cura". In: *História, Ciência, Saúde — Manguinhos*. Volume 14, nº 2, Rio de Janeiro, abril-junho, 2007, p. 529-548.

[15] Freud, S. "Au-delà du principe du plaisir". In: Freud, S. *Essais de psychanalyse*. Op. cit.

locaria agora no primeiro plano do psiquismo, que teria de neutralizá-la, em contrapartida, pela ação da pulsão de vida.

A filosofia da vida que sustenta aqui o discurso freudiano seria eminentemente *mortalista*, baseada nos pressupostos teóricos da biologia de Bichat.[16] Para este, com efeito, a vida seria o conjunto de forças que lutariam contra a morte.[17] O que implica dizer que o movimento em direção à morte seria primordial no organismo e que a vida, para se instituir enquanto tal, teria de realizar um combate permanente e insistente contra aquela.

Seria em decorrência dessa outra leitura, para conceber as novas relações tecidas entre a vida e a morte, que o discurso freudiano retomaria agora positivamente o que havia descartado no início de seu percurso teórico, isto é, o princípio da inércia, porém agora denominado *princípio do nirvana*.[18] Pelo imperativo desse princípio, com efeito, o organismo quer morrer, livrando-se da totalidade das excitações e desejando, assim, o retorno ao reino do inorgânico e do inanimado.

Por isso mesmo, no ensaio sobre "O problema econômico do masoquismo", de 1924, Freud realizou a autocrítica do postulado fundamental que dominou a sua metapsicologia até 1920. Enunciou, então, que cometera um erro teórico ao afirmar que o princípio da constância e o princípio do prazer

---

[16] Foucault, M. *Naissance de la clinique*. Op. cit.
[17] Bichat, X. *Recherches physiologiques sur la vie et la mort* (1822). Paris: Flammarion, 1994.
[18] Freud, S. "Le problème economique du masochisme" (1924). In: Freud, S. *Névrose, psychose et perversion*. Op. cit.

seriam originários do aparelho psíquico, quando, a rigor, esses princípios seriam secundários face ao movimento desse aparelho em direção à morte e à quietude.[19,20] O que o aparelho psíquico buscaria com volúpia seria, enfim, a quietude nirvânica e a ausência completa de excitabilidade.

Parece-me que, no ensaio sobre as pulsões, o discurso freudiano se desloca lenta e progressivamente da primeira leitura em direção à segunda, mas se mantém ainda no campo teórico imantado pelo discurso vitalista. Assim, a tendência para a descarga absoluta da excitação pulsional seria originariamente barrada pelo imperativo maior de afirmação da vida.

No entanto, é preciso reconhecer que mesmo se inscrevendo no campo do discurso vitalista, o discurso freudiano introduziu radicalmente aqui uma leitura sobre a vida que contraria os cânones positivos da biologia, inscrevendo a presença de um *fantasma* de morte no interior da própria vida. Essa pressuposição teórica seria, enfim, eminentemente metapsicológica e se oporia com eloquência ao discurso biológico vitalista pela sua radicalidade.

Aparelho psíquico e domínio das excitações

Seria por esse viés, portanto, que poderia ganhar sentido a afirmação de Freud de que o aparelho nervoso teria

---

[19] Ibidem.
[20] Birman, J. "A biopolítica na genealogia da psicanálise: da salvação à cura". In: *História, Ciência, Saúde — Manguinhos*. Op. cit.

como função e finalidade o domínio das excitações. Dominar as excitações significa aqui manter a excitabilidade no nível mais baixo possível, na impossibilidade de eliminá-la totalmente, pelo imperativo fundamental e soberano da afirmação da vida. O domínio, pela diminuição intensiva das excitações, implicaria a produção da sensação de *prazer*. Em contrapartida, o aumento da excitabilidade se apresentaria pela produção da sensação oposta, isto é, a do *desprazer*.[21]

A série das sensações, matizada pela oposição prazer/desprazer, se inscreveria assim no aparelho nervoso, de forma que este estaria fundado na função e na finalidade de domínio das excitações fisiológicas. Contudo, as excitações pulsionais, como já vimos anteriormente, não poderiam ser reguladas pela descarga e pela ação reflexa. Isso porque, sendo forças constantes oriundas do interior do organismo, ficariam aquém da regulação reflexa do aparelho nervoso. No entanto, as excitações pulsionais de fato produziriam desprazer, pelo aumento das intensidades promovido pela força constante. Como lidar com essa pulsão que, como força constante, efetivamente gera mal-estar?

Para responder a essa interrogação teórica, de caráter eminentemente metapsicológico, a constituição do psiquismo se imporia de vez no discurso freudiano.

Porém, se o psiquismo se constituiu como um novo registro no campo do ser, isso apenas ocorreu em decorrência das insuficiências e impossibilidades do registro estrita-

---

[21] Freud, S. "Pulsions et destins des pulsions". In: Freud, S. *Métapsychologie*. Op. cit., p. 17.

mente biológico da vida. Como o aparelho nervoso não foi capaz de realizar satisfatoriamente o domínio das excitações pulsionais pela descarga e pela ação reflexa, foi então necessário forjar outros mecanismos e operadores para regular essas excitações geradoras de desprazer. Por serem sempre perturbadoras, a fuga pela descarga e pela ação reflexa não funcionaria a contento.

Assim, o *aparelho psíquico* teria sido de fato constituído para realizar o *domínio das excitações pulsionais*, impossíveis de serem reguladas pelo aparelho nervoso. Seria então uma *insuficiência vital*, materializada no aparelho nervoso, o que teria conduzido evolutivamente o vivente à necessidade de forjar o aparelho psíquico para lidar da maneira correta com as excitações pulsionais.

Não é casual, portanto, que Freud tenha denominado o psiquismo de *aparelho* e cunhado a expressão aparelho psíquico, uma vez que este teria sido constituído para suprir a insuficiência presente na ordem vital. Como esta seria regulada por diferentes aparelhos, como se dizia no discurso biológico de então, o discurso freudiano inventou o nome aparelho psíquico para designar o psiquismo, evidenciando assim que este fora criado justamente para responder às insuficiências da ordem vital. Enfim, o aparelho psíquico seria um simples apêndice, forjado e acoplado ao organismo para regular a sua insuficiência vital.

Como outro aparelho, voltado agora para o domínio das excitações pulsionais, o psiquismo deveria regular essas excitações. Isso implica dizer que o aparelho psíquico tem por função diminuir as intensidades geradoras de desprazer, para que a homeostasia do prazer possa ser instituída no psiquismo de forma insistente e constante. Diminuir o desprazer e restaurar o prazer, portanto, seriam as finalidades básicas do aparelho psíquico, pela mediação do princípio da constância.

Numa perspectiva eminentemente evolutiva, teria sido a insuficiência vital o que teria conduzido o vivente para um avanço efetivo, com a constituição do aparelho psíquico. O que indica a existência de um *paradoxo* e de uma *contradição* na ordem da vida, que a teriam levado a um salto na ordem da evolução biológica.[22]

Além disso, como foram as excitações pulsionais que possibilitaram tal transformação radical na ordem da vida, pode-se afirmar ainda que seriam aquelas e não as excitações fisiológicas as propulsoras do desenvolvimento biológico e da evolução da espécie. Isso porque não se poderia descarregá-las facilmente, tampouco eliminá-las pela ação reflexa; seriam necessárias novas operações para regular a perturbação homeostática que aquelas efetivamente produziriam. Foi para cumprir essa função, enfim, que o aparelho psíquico foi forjado evolutivamente.

Freud supõe ainda que pelo menos parte dessas excitações pulsionais resultaria das sedimentações de excitações fisiológicas externas que, ao longo da filogênese, operaram sobre o vivente e acabaram por modificá-lo de maneira indelével.[23] Porém, essas excitações provocariam e evidenciariam a insuficiência vital do organismo, que não teria operadores vitais para regulá-las e manter sua homeostasia. O

---

[22] Ibidem, p. 16.
[23] Ibidem, p. 17.

aparelho psíquico foi então finalmente constituído, para que o vivente pudesse lidar com isso.

No limite

Dito isso, Freud pôde enunciar então o conceito de pulsão (*Trieb*) de maneira formal, elegante e condensada: "... o conceito de 'pulsão' nos aparece como um *conceito limite* entre o psíquico e o somático, como o *representante psíquico* das *excitações*, oriundas do interior do *corpo* e chegando ao psiquismo, como uma medida da *exigência de trabalho* que é imposta ao psíquico em consequência de *sua ligação ao corporal*."[24]

É necessário comentar agora essa definição formal do conceito de pulsão, de maneira sistemática, para que se possa precisar, o mais rigorosamente possível, tudo o que está em pauta neste enunciado condensado. Para isso, vou colocar em evidência as suas passagens e os seus termos principais.

Antes de mais nada, a afirmação decisiva de que a pulsão seria um conceito *limite*, situado entre o psíquico e o somático, implica dizer que a pulsão, em si mesma, não se inscreveria nem no registro do psíquico nem no registro do somático, mas que estaria justamente no limite *entre* os dois. Esse comentário inicial se desdobra necessariamente num outro a que está intimamente conjugado, isto é: o conceito de pulsão não se inscreve no discurso da psicologia,

---

[24] Ibidem, p. 17-18. As aspas são de Freud, mas os itálicos são meus.

tampouco no da biologia. Seria justamente por isso que a pulsão seria um conceito eminentemente metapsicológico, com o perdão do pleonasmo.

No entanto, a ênfase nesse pleonasmo com efeito se justifica e se legitima teoricamente, se recapitularmos como o discurso freudiano indicou quais seriam as condições concretas de possibilidade para enunciar o conceito de aparelho psíquico. Esse conceito se colocou como um imperativo teórico para que se pudesse descrever a existência de um estado de insuficiência vital, presente no aparelho nervoso, que pudesse regular certas modalidades de excitação, caracterizadas pela força constante. Não seria mais a descarga, tampouco a ação reflexa, o que poderia regular o impacto perturbador da força constante. Necessário seria, então, constituir um aparelho psíquico para realizar essa tarefa.

Portanto, o discurso biológico não poderia necessariamente dar conta do recado, visto que a pulsão evidenciava algo da ordem do ser que estaria além da biologia e da ordem da vida, no sentido estrito. No entanto, o discurso da psicologia tampouco poderia resolver essa questão, pois estaria voltado para a leitura de fenômenos psíquicos bem estruturados e mapeados, que se inscreveriam no registro das representações.

Ora, quando Freud enunciou que o psiquismo seria um aparelho e que este estaria voltado fundamentalmente para o domínio das excitações pulsionais, isso implicava uma concepção do psíquico no qual a sua dimensão intensiva seria básica. O registro intensivo do psiquismo se afirmava inscrito, assim, além do que se descrevia então no discurso da psicologia, pois colocava em papel de destaque e fundamental a dimensão econômica do aparelho psíquico. Essa dimensão estaria não apenas além do registro das representações, mas também as permearia nos seus intervalos e interstícios.

Seria essa dimensão intensiva o que se inscreveria, portanto, entre os registros do somático e do psíquico, o que a situaria além dos discursos teóricos da biologia e da psicologia. Seria nesse *espaço* outro, entre o somático e o psíquico, que o domínio das excitações pulsionais com efeito se inscreveria no aparelho psíquico. Estaria justamente aqui o *solo* do aparelho psíquico, de onde se originariam suas demais dimensões, mais estruturadas, descritas pelo discurso teórico da psicologia.

A psicanálise, fundada no discurso teórico da metapsicologia, pretenderia operar nesse solo do aparelho psíquico, concebê-lo diferentemente e remanejá-lo nas suas linhas de força. Estaria justo aqui o que haveria de teoricamente original no discurso freudiano.

Esse espaço *limite*, inscrito entre os registros do somático e do psíquico, não seria bem delimitado e circunscrito, no entanto, como se poderia pensar inicialmente. Enunciar a existência de outro registro do ser, diferente daqueles já enunciados, não implicaria que ele estivesse bem estabelecido como um território, com fronteiras fixas e limites bem traçados. Isso porque esse registro novo se originaria do somático sem com ele jamais se identificar, mas irradiando-se e disseminando-se também pelo psíquico, no seu desdobramento, sem jamais se superpor a ele.

Para explicitar o que está aqui em pauta podemos lançar mão da *teoria dos conjuntos*. Não pretendo realizar uma leitura lógica e matemática do aparelho psíquico, bem entendido, mas utilizar a teoria como *metáfora*. Assim, se os registros do somático e do psíquico seriam dois *conjuntos*, bem delimitados e circunscritos, pode-se dizer que o campo da pulsão se anuncia e se enuncia como um conjunto *intercessão*, inscrito entre os campos daqueles. O campo constitutivo da pulsão não seria então nem psíquico nem somático, mas inscrito *como* um limite e *no* limite entre esses, posicionado como um conjunto intercessão.

Assim, como conjunto intercessão inscrito entre o psíquico e o somático, o campo da pulsão teria as suas próprias regras, a sua própria especificidade teórica, a ser descrita pelo discurso da metapsicologia, de fato e de direito.

No entanto, se o campo da pulsão evidencia a existência de um conjunto intercessão, esse enunciado não implica afirmar a existência de qualquer superposição nem com o somático nem com o psíquico. Se a existência da intercessão não implica superposição, tampouco supõe a existência de qualquer bricolagem dos registros do psíquico e do somático, conjugados no campo da pulsão.

Portanto, se o campo da pulsão não indica a existência de um território, com *fronteiras* seguras e bem estabelecidas, pois se dissemina e se desdobra *sobre* os registros do somático e do psíquico ao mesmo tempo, isso sugere a existência de uma *porosidade* no campo delineado pela pulsão. Seria justamente em decorrência dessa porosidade que o campo da pulsão poderia refluir e se irradiar sobre os territórios do somático e do psíquico, disseminando-se sobre ambos ao mesmo tempo, estabelecendo com eles uma posição de intercessão.

A ideia de porosidade implica a existência de uma *borda* no campo da pulsão, como nos disse Lacan, em 1964, no seminário sobre *Os quatro conceitos fundamentais da psicanálise*.[25] Além disso, se o campo da pulsão não é um território bem estabelecido e circunscrito, o que estaria em pauta seria a ideia de que esse campo se inscreveria nos *confins*,[26] isto é, nos confins do psíquico e do somático ao mesmo tempo.

Nesta perspectiva, a pulsão seria tanto a excitação enquanto tal, oriunda do registro do somático, quanto o *representante psíquico* dessa excitação que se disseminaria no registro do psíquico. Nessa *duplicidade* de inscrição, a pulsão constituiria um conjunto intercessão propriamente dito, que se irradiaria igualmente pelos dois registros mencionados.

No entanto, a sua dimensão intensiva seria crucial. Na essência, a pulsão seria pura excitabilidade, evidenciando a economia do aparelho psíquico. Por isso mesmo, Freud pôde enunciar que a pulsão seria uma *medida da exigência de trabalho* imposta ao psiquismo, em decorrência de sua ligação à ordem do corpo. Assim, o psiquismo seria necessariamente encorpado, carecendo de autonomia e isolamento do registro corporal. Porém, essa *encorpação* não se deveria à condição de epifenômeno do psíquico em relação ao somático, mas evidenciaria que as intensidades pulsionais funcionariam

---

[25] Lacan, J. *Concepts fondamentaux de la psychanalyse. Le Séminaire de Jacques Lacan*. Volume XI. Op. cit.
[26] Pontalis, J. B. "Bornes ou confins". In: *Nouvelle Revue de Psychanalyse*. Número 10. Paris: Gallimard, 1974.

como um imperativo para fazer o psiquismo efetivamente trabalhar. O trabalho do psiquismo seria justamente dominar tais intensidades, na medida em que elas seriam perturbadoras pela sensação de desprazer que produziriam. Enfim, seria pelo trabalho de domínio das excitações que o psíquico se constituiria e se produziria.

Contudo, dominar essas intensidades implica inscrevê-las em representantes psíquicos. Essa inscrição no registro dos representantes é o que se realiza pelo trabalho do aparelho psíquico propriamente dito. Seria, assim, pela mediação da inscrição das excitações em representantes psíquicos que a regulação das ditas excitações pulsionais se realizaria efetivamente.

Nos ensaios sobre "O recalque"[27] e "O inconsciente"[28] da *Metapsicologia*, Freud formula que existiriam o *representante-representação* e o *representante afetivo* da pulsão. Não vou me referir a estes aqui para não nos desviarmos da leitura do ensaio sobre as pulsões. Contudo, o que o discurso freudiano enuncia é que o trabalho exercido pelo psíquico sobre as intensidades resulta nessas duas modalidades de representantes. O representante das excitações se inscreveria no registro da representação, enquanto o outro se inscreveria no registro do afeto. Esses representantes podem tanto se conjugar e se acoplar quanto se separar e se dissociar, numa multiplicidade de possibilidades e de arranjos de relação que seriam ditadas pela variação das intensidades e pelos imperativos da regulação destas.

---

[27] Freud, S. "Le refoulement". In: Freud, S. *Métapsychologie*. Op. cit.
[28] Freud, S. "L'inconscient". Idem.

Além disso, Freud enunciou ainda naqueles ensaios metapsicológicos[29,30] que a pulsão não seria nem consciente nem inconsciente, justamente porque não seria originária da ordem da representação, mas da ordem da intensidade. Com efeito, se tanto o inconsciente quanto a consciência estariam no registro psíquico da representação, a pulsão, como intensidade, estaria situada *além* do registro da representação. Por isso mesmo, seria necessário um esforço para transformar e inscrever as intensidades no registro psíquico da representação. Empreender essa tarefa, enfim, implicaria trabalhar no domínio das excitações realizado pelo aparelho psíquico.

Dito isto, o que se impõe para mim agora, como imperativo teórico, é a exigência de evidenciar certas *características* que delineiam o ser da pulsão, que tem como objetivo e finalidade a descrição da sua *montagem*. Isso porque a pulsão é a acoplagem de diferentes *elementos* que constituem um *circuito* para o seu efetivo funcionamento.

Montagem e circuito

Assim, a pulsão se constituiria pela *conjunção* de seus diferentes elementos característicos. Freud enumera a existência de quatro elementos invariáveis: o impulso, o alvo, o objeto e a fonte da pulsão.[31] Além disso, afirma que esses elementos são *heterogêneos*, isto é, têm naturezas diferentes.

---

[29] Freud, S. "Le refoulement". Idem.
[30] Freud, S. "L'inconscient". Idem.
[31] Freud, S. "Pulsions et destins des pulsions". Idem, p. 18.

Antes de mais nada, o *impulso* caracterizaria o ser da pulsão. Seria a existência desse impulso o que a definiria como *mobilidade* e *movimento*. Em decorrência dessa dimensão, a pulsão seria uma exigência de trabalho imposta ao psíquico pela sua ligação ao corporal. Dessa maneira, implicaria força e intensidade.[32] Portanto, essa característica da pulsão evidencia a sua natureza intensiva e econômica.

Assim, o impulso delineia o que é fundamental no ser da pulsão. Por isso mesmo, Freud pôde enunciar sem hesitação que "o caráter impulsivo é uma propriedade geral das pulsões e até mesmo a essência destas".[33] Vale dizer, o impulso definiria a *essência* da pulsão propriamente dita.

Se o impulso funda o ser da pulsão e a mobilidade caracteriza o impulso enquanto tal, qualquer pulsão é necessariamente *ativa*. Dessa maneira, quando se fala em pulsão *passiva*, o que está em pauta não é a passividade em oposição à atividade, mas o alvo passivo da pulsão e a forma passiva pela qual a mobilidade se realiza.[34]

Em seguida, é preciso destacar o *alvo* da pulsão. O alvo de toda e qualquer pulsão é sempre a experiência da *satisfação*. Seria sempre a busca da satisfação o que desencadearia o impulso na sua mobilidade. Isso porque, não podemos esquecer, a pulsão evidencia a presença de uma perturbação no aparelho psíquico, pela exigência do trabalho que promove pelo fato de ser uma força constante. Essa perturbação se materializaria pela produção da sensação de despra-

---

[32] Ibidem.
[33] Ibidem.
[34] Ibidem.

zer, de maneira que almejar a satisfação implicaria diminuir a intensidade do impulso em questão, para que o prazer pudesse se estabelecer e ser finalmente restaurado.[35]

Nem sempre, no entanto, a pulsão seria *plenamente* satisfeita. A satisfação *parcial*, porém, sempre ocorreria no trajeto da pulsão, mesmo naquelas situações que Freud denomina de pulsões *inibidas quanto ao alvo*.[36] Enfim, a satisfação pulsional sempre ocorreria, mesmo que de maneira limitada e parcial.

O *objeto* é o meio pelo qual a pulsão pode atingir o seu alvo, ou seja, a experiência de satisfação. Ele seria o aspecto mais *variável* na pulsão, não sendo ligado a ela originariamente. Ao contrário, o objeto apenas se acopla à pulsão para tornar possível a sua satisfação,[37] não existindo qualquer relação de necessidade intrínseca entre um e outro. Por isso mesmo o objeto pode ser mudado, desde que promova satisfação como o anterior.

Seria justamente essa característica do objeto que diferenciaria o registro da pulsão do registro do *instinto*. Isso porque se este se caracteriza pela *fixidez* do objeto, como uma montagem rígida e regular, a pulsão, em contrapartida, teria na variação do objeto a sua marca. Com efeito, diferentes objetos poderiam satisfazer a mesma pulsão e vice-versa, isto é, diferentes pulsões poderiam se satisfazer igualmente com o mesmo objeto.

Pode-se depreender disso, no que tange à *variação* e à *multiplicidade* do objeto da pulsão, a ruptura entre o registro

---

[35] Ibidem.
[36] Ibidem.
[37] Ibidem, p. 18-19.

biológico e o registro pulsional, que acompanhamos em filigrana desde o início desse ensaio de Freud. Por isso mesmo, para teorizar sobre a pulsão seria necessário ir além da ordem vital e do instinto, estudados pelo discurso biológico, para construir um discurso metapsicológico.

Existe, no entanto, a possibilidade de uma pulsão se ligar rigidamente a um objeto e não se desligar dele com facilidade, insistindo ativamente na ligação. Freud denominou isso de *fixação*. Essa modalidade de ligação ocorre nos períodos iniciais do desenvolvimento da pulsão, quando ela perde a sua característica básica, ou seja, a mobilidade.[38] Além disso, ocorre também nas neuroses e nas demais perturbações psíquicas, nas quais a fixação objetal sempre se dá. Nestas, com efeito, o aparelho psíquico somente consegue se satisfazer de maneira rígida e estereotipada, perdendo a pulsão a sua mobilidade e plasticidade.

Desde os *Três ensaios sobre a teoria sexual*, com efeito, o discurso freudiano já destacava o lugar privilegiado ocupado pela fixação objetal no *circuito* da pulsão.[39] Seria isso o que impediria o sujeito de ter uma maior liberdade face à experiência de satisfação, tendo que repetir com insistência o mesmo circuito pulsional para se satisfazer. Enfim, o sujeito quer gozar sempre da mesma maneira, não se arriscando a descobrir e a inventar novas modalidades de gozo pela mudança dos objetos da pulsão.

Finalmente, o objeto da pulsão pode ser tanto *estranho* ao corpo no qual a pulsão se inscreve e se origina quanto

---

[38] Ibidem, p. 19.
[39] Freud, S. *Trois essais sur la théorie de la sexualité*. Op. cit.

fazer parte do *mesmo* corpo de onde esta seria proveniente. Nesse último caso o que estaria em pauta seria uma modalidade de satisfação *autoerótica*, na medida em que seria no próprio lugar e órgão do corpo de onde se originou que a pulsão também se satisfaria.[40]

A *fonte* da pulsão remete ao *processo somático* de onde se originaria o impulso. Essa fonte pode estar localizada num *órgão* ou numa *parte do corpo*, sendo, pois, múltiplas e diversas as fontes da pulsão. Não se poderia ainda saber, de acordo com Freud, se aquele processo biológico seria de natureza estritamente química ou se implicaria a liberação de outras forças, como as mecânicas.[41]

De qualquer maneira, o estudo das fontes ultrapassa o campo da metapsicologia e remete ao campo da biologia.[42] Assim, mesmo que a fonte somática seja determinante e imprescindível para a produção da pulsão, a fonte seria algo de ordem *incognoscível* para a pesquisa metapsicológica. De fato, apenas o impulso e seus efeitos sobre o corpo e psiquismo, no campo dos diferentes representantes, seriam passíveis de investigação pelo discurso metapsicológico.[43] Seria necessário, enfim, partir dos alvos das pulsões, pela mediação dos seus objetos de satisfação, para poder deduzir então quais seriam as suas fontes.[44]

---

[40] Freud, S. "Pulsions et destins des pulsions". In: Freud, S. *Métapsychologie*. Op. cit., p. 19.
[41] Ibidem.
[42] Ibidem.
[43] Ibidem.
[44] Ibidem, p. 20.

Novamente aqui, portanto, o discurso freudiano traça uma fronteira epistemológica clara e cortante entre os discursos da biologia e da metapsicologia, indicando a legitimidade teórica de ambos por meio da definição de seus campos conceituais respectivos. Em decorrência disso, mesmo que a fonte da pulsão esteja sempre inscrita no somático e biológico, como órgão ou como processo vital, a metapsicologia pode apenas pensar no ser da pulsão como impulso e exigência de trabalho sobre o campo psíquico das representações, na sua disseminação retroativa sobre o registro do somático.

Portanto, a insistência teórica de Freud na leitura sobre o ser da pulsão se enuncia claramente pelo destaque conferido à sua dimensão intensiva. Seria a dimensão quantitativa da pulsão que seria então fundamental. Assim, do ponto de vista estrito da qualidade as pulsões seriam todas semelhantes, diferenciando-se somente pelas variações de intensidade que as marcariam e pelas fontes diversas de onde provêm.[45]

Esse destaque conferido aqui à dimensão da intensidade se deve à concepção freudiana sobre o funcionamento do aparelho psíquico, que deveria regular as variações intensivas das pulsões, isto é, sua economia. Com efeito, contrapondo-se ao desprazer provocado pela exigência do trabalho dos impulsos e promovendo então a produção da sensação de prazer, pelo decréscimo das intensidades que circulariam no psiquismo, o aparelho psíquico teria como finalidade o domínio e a captura das excitações.

---

[45] Ibidem, p. 19.

Portanto, os diferentes elementos e componentes do ser da pulsão indicam a existência de uma montagem que evidencia a sua funcionalidade efetiva. Essa funcionalidade se materializaria na existência do *circuito* da pulsão pela qual ela, como impulso e exigência de trabalho exercidos sobre o psíquico, seria regulada por objetos que possibilitariam assim a satisfação do imperativo da força constante. Pela experiência de satisfação, as condições presentes nas fontes da pulsão e disparadoras do impulso seriam efetivamente modificadas.

No entanto, seria possível *classificar* as pulsões em modalidades diversas, promovendo agrupamentos e oposições entre elas, não obstante as suas similaridades na dimensão estrita da qualidade. Para isso, seria necessário destacar devidamente as *funções* e as operações fundamentais das pulsões no aparelho psíquico, para enunciar a existência de *grupos* diferentes de pulsão.

Sexualidade e eu

Freud recusava decisiva e terminantemente qualquer classificação das pulsões baseada na sua simples *descrição* do ponto de vista qualitativo. Isso porque não apenas poderiam ser enunciadas uma infinidade de pulsões a serem assim nomeadas, como principalmente porque tal recenseamento não possibilitaria estabelecer o que seria aqui fundamental, isto é, os operadores e as funções das pulsões no aparelho psíquico. Seria apenas com o devido estabelecimento destes que um sistema classificatório poderia ser forjado, para explicitar o que estaria implicado no funcionamento do aparelho psíquico.

Foi sob esta perspectiva que Freud classificou as pulsões em dois grupos. Assim, no primeiro estariam as *pulsões do eu ou de autoconservação*, enquanto no segundo estariam as *pulsões sexuais*.[46] Em cada um desses grupos seria possível evidenciar a existência de diferentes operações e funções no aparelho psíquico.

Qual o fundamento teórico dessa classificação das pulsões? Em que estaria ancorada, de fato e de direito?

Nada mais nada menos que na *experiência clínica* da psicanálise com as *neuroses de transferência*, a referência de base inequívoca para a construção do discurso metapsicológico. A clínica, portanto, no que poderia evidenciar sobre o funcionamento psíquico, conduziria Freud à construção daquele sistema classificatório para as pulsões. Enfim, seria a experiência psicanalítica a condição de possibilidade insofismável para a construção da metapsicologia.

O discurso freudiano funda-se na experiência psicanalítica para propor a classificação das pulsões em dois grupos, que teriam funções psíquicas diferentes e opostas. Esse apelo à clínica psicanalítica é uma marca do discurso freudiano, como já destaquei anteriormente neste ensaio.

Esse seria um dos pressupostos epistemológicos da psicanálise, isto é, o seu único horizonte efetivamente empírico, digamos assim. Por esse viés, como já sublinhei antes, Freud pretendia responder aos imperativos teóricos do neopositivismo e do empirismo lógico, afirmando com elo-

---

[46] Ibidem, p. 20.

quência que a experiência psicanalítica seria a referência crucial para conferir sentido e consistência teórica aos enunciados metapsicológicos. Dessa maneira, a psicanálise demandava ser reconhecida como um discurso científico, e não um discurso metafísico.

Porém, Freud afirmava que a classificação proposta seria uma construção meramente *auxiliar* da metapsicologia, não ocupando o mesmo lugar e importância epistemológica que a tendência do aparelho psíquico para a descarga e a diminuição do seu nível intensivo. Mas se este último enunciado seria fundador no discurso metapsicológico, sem o qual ele não poderia se sustentar teoricamente, a classificação das pulsões poderia ser perfeitamente descartada com o avanço futuro da pesquisa psicanalítica.[47]

Como esta se baseara até então na investigação das neuroses de transferência (histeria e neurose obsessiva), a classificação colocava em evidência o *conflito* que fundara e tensionava permanentemente o aparelho psíquico, polarizado entre as reivindicações diferentes da sexualidade e do eu.[48] Seria, assim, a função das pulsões o que fundaria a sua classificação. Essa função, contudo, estaria fundada nas diferentes posições que as pulsões ocupariam na conflitualidade psíquica. Daí a oposição proposta por Freud entre as pulsões do eu ou as de autoconservação, por um lado, e as pulsões sexuais, pelo outro.

A denominação que Freud confere ao primeiro grupo de pulsões merece agora um pequeno comentário, de cará-

---
[47] Ibidem.
[48] Ibidem.

ter histórico e teórico. Isto porque se inicialmente, nos *Três ensaios sobre a teoria da sexualidade*,[49] propunha que a oposição das pulsões e o conflito psíquico estavam centrados no confronto entre a autoconservação e a sexualidade, logo em seguida, em 1910, num ensaio intitulado "A perturbação psicogênica da visão na concepção psicanalítica",[50] Freud passou a opor as pulsões do eu e as pulsões sexuais. O discurso freudiano realizou aqui um deslocamento conceitual bastante sutil, mas decisivo e significativo, do registro da autoconservação para o do eu.

Qual é o significado desse deslocamento teórico? Ele não apenas insiste e coloca em evidência o fato de que o conflito psíquico se estabeleceria entre os registros do eu e da sexualidade, de maneira que o imperativo da autoconservação estaria condensado agora no registro do eu, mas principalmente enuncia que as ditas pulsões do eu seriam também sexuais. Com efeito, o que a investigação psicanalítica das perturbações da visão evidenciava, na histeria, era que uma função de autoconservação como a visão era também erogeneizada. Vale dizer, o olho teria além da função de *ver* (autoconservação) a de *olhar* e *ser olhado* (sexual). Portanto, as pulsões do eu seriam também sexuais.[51]

Entretanto, essa nova leitura desorganizava totalmente a interpretação teórica anterior enunciada pelo discurso

---

[49] Freud, S. *Trois essais sur la théorie de la sexualité*. Op. cit.
[50] Freud, S. "Le trouble psychogène de la vision dans la conception psychanalytique" (1910). In: Freud, S. *Névrose, psychose et perversión*. Op. cit.
[51] Ibidem.

freudiano. Isso porque, nos *Três ensaios sobre a teoria da sexualidade*, as pulsões de autoconservação não seriam investidas pela *libido* mas pela energia do *interesse*, isto é, seriam destituídas de qualquer erogeneidade.[52] Freud podia dizer então numa formulação poética que o conflito psíquico se estabeleceria entre a *fome* e o *amor*, parafraseando uma famosa passagem de Schiller.[53] Porém, com a nova leitura teórica esse enunciado não mais poderia se sustentar, pois o conflito psíquico se daria agora entre os registros do eu e da sexualidade, mas no qual o eu seria desde agora também libidinizado. Ou seja, a fome seria sempre *fome de amor*, se deslocando e se decantando do registro estrito da necessidade e da autoconservação.

Essa nova interpretação de Freud sobre o conflito psíquico desembocou necessariamente na sua leitura do eu e do narcisismo. Com efeito, no ensaio "Introdução ao narcisismo", de 1914, o conflito psíquico passou a se ordenar entre a *libido do eu* e a *libido do objeto*, de maneira que a sexualidade estaria agora em toda parte, permeando inteiramente o aparelho psíquico nos diferentes registros do eu e do objeto.[54] Enfim, não existiria assim nada mais estranho à sexualidade no psiquismo, pois tudo seria agora erogeneizado.

---

[52] Freud, S. *Trois essais sur la théorie de la sexualité*. Op. cit.

[53] Freud, S. "Le trouble psychogène de la vision dans la conception psychanalytique" (1910). In: Freud, S. *Névrose, psychose et perversión*. Op. cit.

[54] Freud, S. "Pour introduire le narcissisme". In: Freud, S. *La vie sexuelle*. Op. cit.

Nesse contexto teórico, o discurso freudiano abole temporariamente o *dualismo* pulsional que sustentava até então o conflito psíquico, agora fundado numa oposição que seria interna ao próprio campo da sexualidade. Entre a libido do eu e a libido do objeto, a sexualidade estaria sempre em pauta no aparelho psíquico.

Porém, em "Além do princípio do prazer",[55] no início dos anos 1920, Freud restabeleceu o dualismo pulsional como a base fundadora do conflito psíquico, quando passou a opor *pulsão de vida* (*Eros*) a *pulsão de morte* (*Tanatos*). Nesse contexto teórico, a polaridade entre a vida e a morte passaria a configurar o conflito psíquico, delineando as suas diversas linhas de força.

É importante evidenciar que, nesse novo contexto teórico, Freud inseriu tudo o que se opunha na sua classificação inicial no campo da pulsão de vida. Com efeito, neste campo se incluiriam as pulsões sexuais, as pulsões do eu e as pulsões de autoconservação[56]. A pulsão de morte, enfim, se oporia a esse conjunto e bloco heterogêneo de pulsões, conjugados e regulados pelo imperativo da pulsão de vida.

A prática teórica de Freud no encaminhamento concreto da investigação psicanalítica evidenciou, pois, o que ele afirmara em seu ensaio de 1915 sobre as pulsões, isto é, que a classificação das pulsões em dois grupos era uma construção auxiliar, passível de ser descartada, como efetivamente foi o caso, com a pesquisa psicanalítica posterior.

---

[55] Freud, S. "Au-delà du principe du plaisir". In: Freud, S. *Métapsychologie*. Op. cit., p. 21.
[56] Ibidem.

Porém, manteve-se a fundamentação da classificação na conflitualidade do psiquismo, a qual sustenta que a conflitualidade remeteria ao dualismo pulsional. Dessa fundação conflitual do psíquico Freud não poderia abrir mão, pois ela conferiria consistência teórica à divisão (*Spaltung*) do aparelho psíquico.

No entanto, o que Freud inicialmente previra como algo que poderia descartar a classificação então proposta *apenas em parte* se confirmou com a nova classificação sugerida em 1920. A previsão de Freud era de que o aprofundamento da investigação psicanalítica no campo de outras afecções neuróticas, diferentes das neuroses de transferência, poderia exigir o enunciado de outra classificação das pulsões. Isso porque o campo do conflito psíquico poderia se enunciar de outras maneiras, quando se evidenciasse melhor as funções do eu nas psiconeuroses narcísicas (esquizofrenia).[57]

É claro que a investigação das psiconeuroses narcísicas foi uma das razões teóricas para a proposição de uma nova classificação das pulsões em 1920. No entanto, não foi a única. Isso porque a hipótese da existência da *pulsão de destruição* e de um *masoquismo primário* no aparelho psíquico levou Freud a cogitar que o princípio do prazer não seria originário no psiquismo e ao enunciado do princípio do nirvana, como já mencionamos.[58] Em decorrência disso, impôs-se o movimento do aparelho psíquico para se descartar inteira-

---

[57] Freud, S. "Pulsions et destins des pulsions". In: Freud, S. *Métapsychologie*. Op. cit., p. 21.
[58] Freud, S. "Le problème économique du masochisme". In: Freud, S. *Névrose, psychose et perversión*. Op. cit.

mente das excitações pulsionais e promover o retorno do vivente ao registro do inorgânico, sob a forma agora de conceito de pulsão de morte e da compulsão à repetição.

De qualquer modo, a classificação das pulsões aqui proposta pelo discurso freudiano fundava-se no campo da experiência psicanalítica com as neuroses de transferência. Além disso, deixava de lado e em estado de suspensão teórica o que já avançara em 1910 e 1914, nos ensaios sobre as perturbações psicogênicas da visão[59] e o narcisismo,[60] respectivamente. Freud prefere deixar indefinido, assim, o estatuto teórico das pulsões do eu e das pulsões da autoconservação no concernente à sexualidade. Em decorrência disso, seu ensaio trata desse grupo de pulsões de maneira contraditória, insistindo na erogeneização das pulsões do eu, por um lado, e na não erogeneização das pulsões de autoconservação, pelo outro. Analisemos essa contradição.

Antes de mais nada, tratemos da erogeneização das pulsões do eu. O discurso freudiano afirma que poderíamos interpretar a sexualidade, numa perspectiva biológica, de um duplo ponto de vista, o do *indivíduo* e o da *espécie*.[61] Com efeito, o sexual poderia estar a serviço apenas do indivíduo, do seu *gozo* e do seu *prazer* exclusivos, ou, então, prestar-se

---

[59] Freud, S. "Le trouble psychogène de la vision dans la conception psychanalytique". Idem.
[60] Freud, S. "Pour introduire le narcissisme". In: Freud, S. *La vie sexuelle*. Op. cit.
[61] Freud, S. "Pulsions et destins des pulsions". In: Freud, S. *Métapsychologie*. Op. cit., p. 22.

à *conservação* da espécie, o indivíduo neste caso subsumido aos imperativos do plasma germinativo e da reprodução infinita de novos indivíduos. Na primeira hipótese, o indivíduo (eu) estaria no centro dos imperativos do aparelho psíquico, de forma que o gozo e o prazer seriam as suas preocupações fundamentais. Na segunda, no entanto, o indivíduo seria apenas um apêndice temporário e passageiro servindo ao propósito de reprodução da espécie.[62]

Na primeira hipótese, o que estaria em pauta seria a constituição da sexualidade pela sua dimensão fundamental, isto é, a sexualidade infantil e perverso-polimorfa tal como enunciada nos *Três ensaios sobre a teoria da sexualidade*.[63] Por esse viés, a finalidade soberana da vida seria o gozo e o prazer, pelo exercício pleno, geral e irrestrito da sexualidade perverso-polimorfa e do desejo. Na segunda, o prazer e o gozo estariam regulados pelo imperativo da reprodução, visando à manutenção da imortalidade do plasma germinativo. Nessa perspectiva, a sexualidade perverso-polimorfa estaria inequivocamente subsumida à ordem da reprodução, que definiria a sua finalidade biológica.[64]

O que é importante destacar aqui é que Freud não afirma, tampouco responde, qual dos dois polos pelos quais a sexualidade sempre se coloca e se impõe seria o verdadeiro e qual seria o falso. Isto é, Freud não hierarquiza esses enunciados, permitindo que convivam lado a lado no seu ensaio. O estado de suspensão em que deixa essa questão funda-

---
[62] Ibidem.
[63] Freud, S. *Trois essais sur la théorie de la sexualité*. 1º ensaio. Op. cit.
[64] Ibidem.

mental é revelador da problemática que pretende aqui enunciar, ou seja, que o conflito psíquico se fundaria efetivamente entre essas duas pretensões contraditórias e que se impõem como finalidades diferentes para a sexualidade.

No entanto, sob a forma perverso-polimorfa ou sob a da reprodução, seria sempre a sexualidade o que estaria em jogo. Nesse registro de leitura proposto pelo discurso freudiano, o sexual se disseminaria pelo aparelho psíquico como um todo, estando, pois, em toda parte. Portanto, *gozar* e *reproduzir* representariam aqui duas possibilidades efetivas e presentes, enfim, no campo da sexualidade.

Em seguida, contudo, o discurso freudiano retoma a leitura inicial dos *Três ensaios sobre a teoria da sexualidade*, segundo a qual a sexualidade originária se apoiaria sempre sobre as pulsões de autoconservação, produzindo nelas um *desvio* fundamental pelo qual a erogeneidade propriamente dita seria produzida, passando a se regular pelo princípio do prazer.[65,66] Portanto, o *apoio* da sexualidade na autoconservação seria aqui fundamental, de maneira que as pulsões sexuais seriam forjadas e se manifestariam de fato pela *perversão* das pulsões de autoconservação.

Isto posto, podemos retomar agora as grandes formulações teóricas sobre a sexualidade, enunciadas por Freud nos *Três ensaios sobre a teoria da sexualidade*.[67,68] Oriundas de

---

[65] Ibidem.
[66] Freud, S. "Pulsions et destins des pulsions". In: Freud, S. *Métapsychologie*. Op. cit., p. 23.
[67] Ibidem.
[68] Ibidem, p. 23-24.

fontes orgânicas diversas, as pulsões sexuais seriam originariamente *fragmentárias* e *parciais*; pela exigência de trabalho imposta ao psiquismo, pretenderiam sempre obter o *prazer de órgão*. Esse prazer seria local e pontual, circunscrito a uma região corporal específica, denominada *zona erógena*. A parcialidade da pulsão teria como contrapartida o prazer de órgão e a pontualidade de sua satisfação se realizaria na zona erógena. Só posteriormente as pulsões parciais se conjugariam em unidades maiores e mais complexas, que se poriam a serviço da reprodução.[69,70] Somente então as pulsões parciais perverso-polimorfas ficariam subsumidas, enfim, ao primado da genitalidade, em nome da reprodução.

Contudo, como as pulsões são forças constantes e se impõem como exigência de trabalho permanente feita ao psiquismo, a produção das pulsões parciais insiste ao longo da totalidade da existência do sujeito, não se restringindo a um momento inaugural do processo de desenvolvimento psíquico. Vale dizer, o prazer do órgão, assim como a ocupação e a produção de zonas erógenas, continuariam a se realizar ao longo de toda a vida do indivíduo. Assim, nem a emergência da genitalidade nem a da reprodução poderiam interromper esses processos originários do psiquismo. Seriam eles que, ao contrário, dominariam o funcionamento do aparelho psíquico, sem dar qualquer trégua, de forma que a dupla modalidade de existência do sexual permaneceria sempre presente no aparelho psíquico.

---

[69] Ibidem.
[70] Freud, S. "Pulsions et destins des pulsions". In: Freud, S. *Métapsychologie*. Op. cit., p. 23.

O que caracterizaria as pulsões parciais seria a possibilidade de serem permanentemente trocadas por outras, pois todas seriam equivalentes, uma vez que visariam à obtenção do prazer. Da mesma forma, os objetos das pulsões sexuais seriam igualmente intercambiáveis e móveis, na medida em que a experiência da satisfação e a obtenção do prazer constituiriam os alvos do imperativo pulsional.[71]

Em decorrência disso e pelo conflito psíquico forçosamente engendrado, as pulsões sexuais produzem sempre *destinos* no aparelho psíquico. Abordaremos agora essa questão.

---
[71] Ibidem, p. 24.

CAPÍTULO V – DESTINOS

Do organismo ao corpo

Enunciei até agora que a pulsão se centra fundamentalmente no impulso e que a dimensão econômica seria constitutiva do seu ser. Assim, o impulso, ao impor uma exigência de trabalho ao psíquico por uma perturbação (desprazer) que não pode ser descarregada por uma ação reflexa, se acopla a objetos que possam apaziguar tal perturbação e que permitam obter satisfação. Constitui-se, dessa forma, o circuito da pulsão, um processo se repete de maneira insistente e infinita na medida em que, sendo uma força constante, a pulsão é permanentemente relançada.

Seria o aparelho psíquico que ordenaria o impulso numa montagem e num circuito pulsional propriamente dito, pois estes não se constituiriam de maneira espontânea. Para isso, contudo, o aparelho psíquico deveria antes de mais nada *capturar* o impulso pulsional. Essa operação é primordial para que seja ofertado ao impulso um objeto, mediante o qual a experiência da satisfação como alvo possa efetivamente se estabelecer. Seria, então, pela operação de captura que o aparelho psíquico poderia realizar efetivamente o domínio das excitações pulsionais, oferecendo assim objetos para apaziguar a perturbação desprazerosa promovida pelo impulso.

Para a construção da montagem e do circuito, contudo, a *ligação* e *inscrição* do impulso no campo das representações se realizaria ao mesmo tempo. Seria pela mediação dos diferentes representantes da pulsão — representante-representação e representante afetivo — que o impulso encontraria assim os seus delegados no registro da representação.

Esse processo seria a outra face da ligação dos impulsos aos objetos capazes de promover a experiência da satisfação, para que o alvo do circuito da pulsão possa ser atingido, face e verso que seriam do mesmo processo. Isso porque o que o discurso freudiano descreve é como o mesmo processo ocorre ao mesmo tempo em dois planos — o da força e da economia, por um lado, e o do sentido, pelo outro —, intimamente conjugados como um conjunto intercessão, como já mencionamos. Cara e coroa da mesma moeda, a força e o sentido se declinam numa conjunção, enfim, que se materializa na construção da montagem e do circuito da pulsão.

Nessas construções (montagem e circuito), no entanto, algo foi transformado radicalmente. O registro somático foi convertido no registro *erógeno*, isto é, o organismo foi efetivamente transformado num *corpo*, pois o que está em jogo o tempo todo na construção empreendida pelo discurso freudiano é a realização da experiência da satisfação, pela acoplagem dos impulsos a objetos que a possibilitariam. Seria justamente por essa *transformação* crucial, pela qual o organismo se transmuta num corpo que é erógeno, que o discurso biológico não pode dar conta desse processo e torna-se epistemologicamente necessária a construção do discurso metapsicológico.

A obtenção da sensação de prazer seria então a finalidade primordial do aparelho psíquico, pela regulação insistente das intensidades pelo princípio do prazer. Para isso, contudo, o organismo, na sua insuficiência vital, teria que ser forçosamente transmutado num *corpo erógeno*, para que a vida se tornasse, enfim, possível, pela construção do aparelho psíquico.

A primeira forma de existência desse corpo seria a do *corpo autoerótico*, que Freud trabalha longamente nesse ensaio com os exemplos de dois pares de opostos de pulsões parciais, quais sejam, o *sadismo/masoquismo*[1] e o *exibicionismo/voyeurismo*.[2] O que o discurso freudiano evidencia, com esses pares de opostos primordiais para a formação do psiquismo, é a construção do autoerotismo, já que este seria a primeira figuração dos registros do corpo e do psiquismo.

Assim, o que o discurso freudiano denomina de *destinos* da pulsão é o conjunto de *defesas* que o aparelho psíquico constrói para lidar devidamente com o impulso perturbador, que provoca exigência de trabalho ao psíquico por sua ligação ao corporal.[3] Pela ação das defesas o impulso traça percursos nos registros do psiquismo e do corpo, delineando neles uma *cartografia*.

Dessa maneira a construção da montagem e do circuito da pulsão, respectivamente, já implicariam um destino primordial da pulsão. Com efeito, se pela montagem da pulsão e pelo circuito pulsional o aparelho psíquico captura

---
[1] Ibidem, p. 25-28.
[2] Ibidem, p. 28-30.
[3] Ibidem, p. 25.

e regula a perturbação provocada pela força constante, a defesa estaria já em funcionamento, de forma que aquela e esse seriam já os destinos primordiais da pulsão.

Porém, o que o discurso freudiano realiza é a descrição de um conjunto de operações psíquicas em filigrana, pelas quais o aparelho psíquico domina os ditos impulsos pela constituição de diversos destinos específicos. É o que veremos agora.

Conceito fundamental

No que concerne aos destinos, o discurso freudiano centra a sua exposição no campo da pulsão sexual, referindo-se muito pouco às pulsões do eu e de autoconservação. Estas só aparecem na leitura do terceiro par de opostos, isto é, a oposição *amar/odiar*, no final do ensaio.[4] Isso porque para Freud a pulsão sexual seria axial no aparelho psíquico.

O discurso freudiano se refere a diferentes destinos das pulsões: 1. A inversão no seu contrário; 2. O retorno sobre a própria pessoa; 3. O recalque; 4. A sublimação.[5] Contudo, afirma que por ora irá tratar apenas dos dois primeiros, pois o recalque será discutido num outro ensaio da *Metapsicologia* e a sublimação não será tematizada nessa obra.

A primeira questão importante que se impõe aqui é a afirmação de que a pulsão é o *conceito fundamental* da me-

---
[4] Ibidem, p. 34-43.
[5] Ibidem, p. 24.

tapsicologia psicanalítica. Isso porque não apenas os diferentes destinos das pulsões seriam contrapontos e defesas em face do impulso pulsional, como também porque os demais conceitos fundamentais da metapsicologia seriam todos derivações da pulsão enquanto tal. Com efeito, a pulsão estaria no solo do aparelho psíquico. Por isso mesmo, a *Metapsicologia* teve que se iniciar pelo conceito de pulsão, do qual os demais derivariam.

Assim, a pulsão não seria apenas um conceito-limite entre os registros do psíquico e do somático, estando também no *limite* dos conceitos da metapsicologia. Sem o conceito de pulsão a metapsicologia não poderia ser forjada como um novo campo do saber sobre o psíquico. Desse conceito fundamental e limite, portanto, todos os demais conceitos se constituiriam. Daí por que o recalque, o inconsciente e a sublimação deveriam ser enunciados apenas posteriormente. Todos esses conceitos estariam implicados no conceito de pulsão, de fato e de direito, mas a recíproca não seria epistemologicamente verdadeira. Existiria assim, na metapsicologia freudiana, um escalonamento e uma hierarquia conceitual bem concatenada; cada conceito enunciado dependeria do anterior para ser construído enquanto tal, por razões de ordem histórica e lógica.

Assim, sem o conceito de pulsão a inversão no contrário e o retorno sobre a própria pessoa, como destinos e defesas, não poderiam ser concebidos. Da mesma forma, o recalque como conceito supõe que essas operações primordiais seriam devidamente construídas no aparelho psíquico. Além disso, seria preciso o conceito de recalque para que o de inconsciente pudesse ser concebido, pois seria efetivamente do inconsciente que a distinção entre recalque originário e recalque propriamente dito poderia ser enunciada. Finalmente, a sublimação como um conceito metapsicológico supõe a existência do retorno do recalcado, que decorre dos conceitos do inconsciente e do recalque.

Portanto, não resta qualquer dúvida de que a pulsão ocupa, nesse ensaio de Freud, a posição privilegiada de conceito fundamental da metapsicologia psicanalítica, pois todos os demais conceitos seriam dela derivados. No entanto, essa posição privilegiada atribuída à pulsão é uma novidade teórica no discurso freudiano, pois até então esse lugar primordial era conferido aos conceitos do inconsciente e do recalque. O discurso da metapsicologia, em *A interpretação dos sonhos*, conferia a esses a posição conceitual privilegiada.[6]

Qual a razão dessa transformação teórica no discurso freudiano?

A denominada primeira tópica, no discurso freudiano, foi concebida fundamentalmente como uma *circulação de representações* no aparelho psíquico. O que estava sempre em pauta era o registro das representações. Com efeito, diferenciar os distintos espaços psíquicos, com funcionalidades e regras próprias, fundava-se na circulação dos representantes psíquicos.

Por essa razão, o discurso freudiano diferenciava o *sistema inconsciente*, centrado no processo primário e no princípio do prazer, do sistema *pré-consciente/consciência*, centrado no processo secundário e no princípio da realidade. O

---

[6] Freud, S. *L'interprétation des rêves*. Capítulo VII. Op. cit.

recalque, como operador constitutivo do inconsciente como registro psíquico, ocupava aqui um lugar privilegiado.

O que o discurso freudiano concebe agora teoricamente, no ensaio sobre as pulsões, é que não seria possível pensar na circulação de representantes psíquicos sem poder conceber, prévia e preliminarmente, como o polo intensivo do aparelho psíquico opera e como podem advir daí os diferentes sistemas de representantes psíquicos.

As razões de ordem clínica aqui se impuseram para a radicalidade dessa transformação conceitual. Antes de mais nada, falemos dos limites evidenciados pelo método do deciframento que o discurso freudiano construiu formalmente desde *A interpretação dos sonhos*.[7] Se o método do deciframento tinha no inconsciente e no recalque os seus fundamentos teóricos, os limites daquele colocam em questão o privilégio teórico conferido até então ao recalque e ao inconsciente no discurso metapsicológico.

Em seguida, a complexidade assumida pela problemática da *repetição*, desde o ensaio sobre a "Rememoração, repetição e elaboração",[8] de 1914, era o contraponto e o limite ao método do deciframento. Isso porque a repetição não era mais na teoria coerente com o retorno do recalcado, pois começava já a se evidenciar como algo da ordem da *compulsão*. Portanto, seria como *compulsão à repetição* que os limites do inconsciente e do deciframento seriam então evidenciados, pelas impossibilidades reais que foram en-

---

[7] Ibidem, capítulo II.
[8] Freud, S. "Remémoration, répetition et élaboration" (1914). In: Freud, S. *La technique psychanalytique*. Paris: PUF, 1972.

contradas para a rememoração na experiência psicanalítica. Enfim, a disseminação da repetição no psiquismo evidenciaria os impasses do processo de rememoração e seus fundamentos, o recalque e o inconsciente.

Em decorrência disso, as dimensões econômica e intensiva do aparelho psíquico começaram a se avolumar na metapsicologia psicanalítica. O ensaio *As pulsões e seus destinos* já o evidencia por diversos rastros e signos, de forma que essas dimensões serão posteriormente ainda mais enfatizadas, com o novo dualismo pulsional enunciado em *Além do princípio do prazer*[9] e a elaboração da nova tópica forjada em *O eu e o isso*.[10] A indicação teórica mais contundente neste sentido é que nessa tópica o polo pulsional do aparelho psíquico estará presente no registro do *isso*, o que não ocorria com a primeira tópica, na qual aquele se centrava apenas em representações e as intensidades estariam na exterioridade do aparelho psíquico.

Portanto, o ensaio sobre as pulsões na *Metapsicologia* é uma passagem teórica fundamental no discurso freudiano, que conduzirá inevitavelmente à segunda teoria das pulsões e à segunda tópica. Daí por que a pulsão ocupa agora a posição privilegiada de conceito fundamental da metapsicologia que, como limite dos conceitos metapsicológicos, seria o solo do aparelho psíquico, de onde se originariam os demais conceitos da metapsicologia (recalque, inconsciente e sublimação).

---

[9] Freud, S. "Au-delà du principe du plaisir". In: Freud, S. *Essais de psychanalyse*. Op. cit.
[10] Freud, S. "Le moi et le ça". Idem.

O outro

Dito isso, é necessário precisar devidamente agora o registro psíquico para o qual o impulso realiza a sua exigência de trabalho. Não se poderia supor ingenuamente que tal registro estaria já constituído no próprio organismo que é a fonte dos impulsos, pois isso seria uma contradição lógica flagrante na construção da metapsicologia. Isso porque o aparelho psíquico se constituiria justamente para responder e superar a existência de uma insuficiência do organismo, de maneira que aquele seria constituído pela própria exigência do trabalho em pauta que evidencia essa insuficiência vital.

Como sair desse impasse, então?

A descrição realizada pelo discurso freudiano supõe o tempo todo que estaríamos aqui num momento *constituinte* do aparelho psíquico, não na sua *origem*, bem entendido, mas na sua dimensão de *originário*. Retomo essa distinção teórica, enunciada em "As palavras e as coisas"[11] por Foucault, no qual afirma que na modernidade a ideia de origem se perdeu definitivamente, inscrevendo-se, desde Kant, no registro do *incognoscível*. Poder-se-ia, assim, enunciar teses sobre o originário, que estariam no campo das condições de possibilidade para a constituição dos objetos do mundo, mas não sobre a origem. Essas poderiam ser concebidas como *transcendentais* ou *históricas*, mas seriam sempre *condições de possibilidade* para se poder pensar devidamente na constituição dos objetos face ao impasse da perda da origem.

---

[11] Foucault, M. *Les mots et les choses*. Op. cit.

Dessa maneira, o que o discurso freudiano nos propõe é a constituição do aparelho psíquico no registro originário. Para que isso possa ocorrer, de fato e de direito, necessário seria supor que o infante, que vem ao mundo com um organismo marcado pela insuficiência vital, seja acolhido por outro. Esse outro vai lhe dispensar *cuidados* sem os quais ele não poderia efetivamente sobreviver, em decorrência de uma insuficiência vital que o coloca numa condição primordial e originária de *desamparo* que marcaria o seu ser de maneira indelével.

O discurso freudiano supõe a existência desse desamparo originário. As alusões a isso, no seu ensaio sobre as pulsões, são diversas. Assinalei uma delas anteriormente, quando Freud nos diz, logo no início do seu texto, que o infante desamparado estabelece a distinção fundamental entre os registros do exterior (fora) e do interior (dentro) pela *possibilidade* de fuga pela ação reflexa com a excitação fisiológica e pela *impossibilidade* de fazer isso com a excitação pulsional. A construção teórica de Freud tem no desamparo originário o seu ponto de partida no que tange à constituição do conceito de pulsão.

Além disso, desde os *Três ensaios sobre a teoria da sexualidade* o discurso freudiano nos fala dos cuidados maternos como condição de possibilidade efetiva para a sobrevivência real do infante.[12] Afirma em seguida bem mais do que isso, colocando em evidência como a erogeneização do organismo infantil seria oriunda desses cuidados.[13] Portan-

---

[12] Freud, S. *Trois essais sur la théorie de la psychanalyse*. Op. cit.
[13] Ibidem.

to, sem os cuidados maternos e a erogeneidade que seria o seu correlato, a insuficiência vital e o desamparo do infante não poderiam ser superados.

No "Projeto de uma psicologia científica", Freud nos diz ainda como o choro do infante, signo eloquente do seu desamparo, seria a razão e a condição de possibilidade de todos os motivos morais.[14] Vale dizer, seria pelo choro que o infante demandaria algo à mãe, evidenciando sua insuficiência vital e seu desamparo originário, para poder receber cuidados efetivos, para que a vida biológica possa se tornar então possível pela construção de um aparelho psíquico.[15]

Porém no seu começo de vida o infante deve contar com o aparelho psíquico da mãe como condição fundamental para a sua sobrevivência, para que possa forjar progressivamente um aparelho psíquico próprio. Seria então pela *mediação* do aparelho psíquico materno que o infante seria cuidado e constituiria posteriormente um aparelho psíquico. A *figura materna* seria, enfim, o *outro* do infante no seu começo de vida, em decorrência do desamparo deste.

Portanto, o aparelho psíquico materno seria o lugar da *captura* originária das excitações pulsionais, oriundas do organismo do infante, e que procuraria dominar tais excitabilidades perturbadoras. Pelo choro, o infante evidencia a sua perturbação e a sua impotência para lidar com ela, demandando que outro o acuda diante desse impasse crucial.

---

[14] Freud, S. "Esquisse d'une psychologie scientifique". 3ª parte. In: Freud, S. *Naissance de la psychanalyse*. Op. cit.
[15] Ibidem.

Dessa maneira, seria a figura materna que realizaria a ligação da excitação pulsional com um objeto capaz de diminuir o desprazer do infante e instaurar então a experiência da satisfação. Vale dizer, seria a figura materna o operador fundamental para a organização do impulso numa montagem pulsional, de forma que o circuito pulsional pudesse ser efetivamente construído. Sem isso o infante não sobreviveria, impotente diante de sua insuficiência vital e de seu desamparo originário.

Autoerotismo

Nesta perspectiva, seria pela mediação do aparelho psíquico do outro que o psiquismo do infante se constituiria progressivamente. A constituição do aparelho psíquico desse se faria pelas múltiplas flexões e torções do circuito pulsional, que por um processo de *ocupação* erógena do organismo o transformaria num corpo erógeno. Enfim, o corpo autoerótico seria a figuração primordial assumida pelo corpo, como já dissemos.

Na e *pela* constituição do corpo autoerótico seria a *subjetivação* e a interiorização do circuito da pulsão o que se realizaria ao mesmo tempo. O corpo autoerótico e a subjetivação do circuito da pulsão seriam as duas faces da mesma moeda, pelas quais o aparelho psíquico começaria a se *incorporar*, isto é, se transformar num corpo e a se encorpar. Pela subjetivação, o circuito da pulsão começaria a se interiorizar, deslocando-se do registro do fora para o do dentro.

Por isso mesmo, Freud inicia a sua descrição dos destinos da pulsão referindo-se à inversão no contrário, pela qual a pulsão se deslocaria do polo da *atividade* para o da *passividade*. Com efeito, se o movimento primordial do impulso é o de buscar a descarga, para que o organismo possa tentar se livrar da perturbação desprazerosa, a oferta de um objeto pela figura materna promoveria a satisfação da pulsão e o *retorno* desta para o lugar no organismo de onde o impulso foi oriundo. Se o movimento inicial de descarga seria ativo, o retorno e a inflexão sobre o organismo seriam marcados pela passividade.

Seria esse movimento de mudança na direção do impulso, no deslocamento da propensão à descarga para a inflexão de retorno sobre o organismo, que constituiria o autoerotismo propriamente dito. Assim, o corpo começaria a se forjar pela erogeneização do organismo, assim como o processo de subjetivação emergiria como o seu correlato, pela constituição das *marcas* psíquicas iniciais. Dessa maneira, a produção e a inscrição do circuito da pulsão já engendrariam essas marcas, conferindo sentido à nova direção assumida pela força pulsional.

Freud enuncia também que existiria uma conjugação entre os destinos da *inversão no contrário* e o do *retorno sobre a própria pessoa*, pois seria pela inversão no contrário assumida pela direção da força pulsional que o retorno sobre a própria pessoa se realizaria. Existiria aqui, portanto, uma articulação desses destinos primordiais, pelos quais a interiorização começaria a se forjar nos registros do corpo e do psíquico, simultaneamente, constituindo o circuito pulsional de satisfação, por um lado, e a marca psíquica, pelo outro.

O que implica dizer que a metapsicologia pretendeu superar o dualismo cartesiano que opunha os registros do corpo e do espírito, e que se manifestava pelos impasses teóricos da psicologia no final do século XIX e no início do século XX. O paralelismo psicofísico e a tentativa fracassada de localização cerebral das funções psíquicas eram evidências e signos eloquentes desses impasses no campo epistemológico da psicologia.

A solução teórica forjada pelo discurso freudiano foi na direção de buscar ultrapassar esses impasses pela proposição de uma *unidade psicossomática*, pela qual a pulsão como exigência de trabalho e o lugar do outro como receptor dessa demanda de trabalho seriam transformados num circuito pulsional pela oferta de um objeto de satisfação. Com isso, a força pulsional se transformaria de ativa em passiva, transformando o organismo num corpo erógeno permeado por marcas psíquicas oriundas da interpretação que o outro realizou da demanda originária realizada.

O autoerotismo seria a construção prototípica disso, pela qual os registros psíquico e corporal estariam conjugados de maneira íntima. A interiorização subjetivante se faria ao mesmo tempo que a incorporação do circuito da pulsão, pela qual o corpo se constituiria pela ocupação insistente e permanente do território do organismo.

É preciso dizer que esse processo se repetiria de maneira permanente e insistente. A cada movimento da pulsão como força constituinte e exigência de trabalho seria constituída outra zona erógena sobre o organismo, de maneira a ocupar seu território de forma disseminada, por incorporações e encorpações de suas diversas fendas e interstícios. Ao lado disso, outras marcas psíquicas seriam forjadas por esses novos percursos autoeróticos. A interiorização, marcada pela subjetivação, constituiria o psiquismo como um conjunto de zonas erógenas e marcas significantes.

Esse processo se caracterizaria inicialmente pela disseminação e dispersão. Não existiria aqui, enfim, qualquer unidade e coordenação, pois cada uma das zonas autoeróticas funcionaria de maneira autônoma e estritamente separada das demais.

Posteriormente, contudo, essa unificação se realizaria. Não vou me ocupar disso aqui, pois não é o que está em pauta no ensaio sobre as pulsões. Porém, seria sobre esse solo corporal autoerótico e suas marcas psíquicas correlatas que o processo do recalque primário se realizaria posteriormente, constituindo o registro psíquico do inconsciente. Em decorrência disso, o corpo autoerótico seria unificado em torno de uma imagem narcísica, constituindo o corpo *narcísico* e o *eu*, ao mesmo tempo. Enfim, uma nova unidade psicossomática se forjaria agora, entre os registros do eu e do corpo narcísico.

Se o fundamento teórico desses processos metapsicológicos primordiais ganha assim consistência e coerência, é possível descrever agora como o discurso freudiano procurou pensar no funcionamento de três pares de opostos que constituiriam o solo pulsional do aparelho psíquico e do autoerotismo: sadismo/masoquismo, exibicionismo/voyeurismo e amar/odiar, pelos quais a cartografia originária das pulsões parciais se realiza. É o que se verá agora, de maneira sucinta.

Inversão no contrário e retorno sobre a própria pessoa

Para realizar a leitura desses diversos pares de opostos é preciso empreender previamente algumas considerações gerais sobre os mecanismos que regulam essas oposições. É necessário formalizar previamente o que estaria em pauta na inversão no contrário e no retorno sobre a própria pessoa, no circuito da pulsão, além do que já foi dito anteriormente.

A inversão no contrário evidencia a presença de dois processos que podem ser complementares, mas que são, no entanto, diferentes. Antes de mais nada, o que estaria em pauta seria o deslocamento do polo da *atividade* para o da *passividade*. Em seguida, o que estaria em questão seria a mudança do *conteúdo*.

No que concerne à transformação da atividade em passividade, os exemplos privilegiados são os pares de opostos sadismo/masoquismo e voyeurismo/exibicionismo. A inversão aqui se circunscreve especificamente ao *alvo* da pulsão. Com efeito, o alvo ativo — *atormentar* e *olhar* — seria substituído posteriormente pelo alvo passivo — *ser atormentado* e *ser olhado*. A inversão de conteúdo, no entanto, se encontra apenas no caso da transformação do amor em ódio.

No retorno sobre a própria pessoa, em contrapartida, o alvo não se transformaria, mantendo-se como um invariante. No entanto, o *objeto* da pulsão se modificaria. Com efeito, o masoquismo seria um sadismo dirigido ao próprio eu e não a outro, enquanto que no exibicionismo o eu se olha a si mesmo e não a outro. No entanto, o gozo permanece inalterável, não obstante a mudança de objeto: o masoquista goza do furor dirigido à sua própria pessoa e o exibicionista partilha do gozo daquele que lhe perscruta com o olhar, desnudando e se apossando do seu corpo.[16]

Pode-se depreender facilmente, contudo, como os dois mecanismos em pauta se articulam intimamente na sequência que é constitutiva de cada um desses pares de opostos. Vale dizer, em cada um deles a transformação de alvo da pulsão se conjuga com a mudança do objeto.

Assim, vejamos as diversas posições traçadas por cada um dos pares dos opostos em questão, que delineiam a cartografia das pulsões parciais.

Sadismo e masoquismo

Como já vimos, o primeiro movimento da pulsão é o da atividade, para que o organismo possa tentar se livrar da perturbação desprazerosa produzida pela força constante e restaurar a homeostasia do prazer. Essa atividade seria eminentemente marcada pela *violência*, pela qual a *afirmação da potência* do ser se manifestaria em face da outra pessoa tomada como objeto.

A retórica freudiana é muito clara no que concerne ao *sadismo originário*, pois o que estaria em pauta seria a afirmação da potência do ser que se contraporia ativamente à perturbação desprazerosa aniquilante. Se esse movimento seria marcado pela violência, o que se pretende com isso não é o aniquilamento do outro, bem entendido, mas a afirmação da *potência de viver*. Enfim, a afirmação da potência do ser seria marcada pela violência.

---
[16] Ibidem, p. 25.

Em seguida, o outro como objeto seria abandonado e substituído pelo próprio sujeito da ação, que realizaria um retorno sobre a sua própria pessoa. O alvo ativo da pulsão se transformaria em passivo, conjugando assim a mudança do objeto com a transformação do alvo da pulsão.

Finalmente, um terceiro movimento ocorreria, de maneira que outra pessoa passaria a assumir o papel de sujeito, no contexto da transformação da atividade em passividade assumida no movimento anterior.[17]

Freud então procura articular a sequência desenhada, da montagem e do circuito pulsional, com as figuras oriundas da experiência clínica, evidenciando assim as relações entre as perturbações psíquicas e o funcionamento regular e comum das pulsões sexuais. O que era descrito então como patologia, no discurso da psicopatologia, não seria senão flexões oriundas do próprio circuito regular da pulsão. Com isso, a oposição entre os registros do *normal*, do *anormal* e do *patológico* poderiam ser relativizadas, pois seriam manifestações comuns do que ocorreria nos processos regulares do ser e não monstruosidades.

Assim, o que se denomina de masoquismo seria realizado apenas no terceiro e derradeiro movimento do circuito pulsional. Antes disso ele não existiria. A satisfação aqui se realizaria igualmente pela via do masoquismo originário, pela qual o eu passivo assume, no registro do fantasma, o seu lugar anterior que é cedido agora ao outro.[18]

---

[17] Ibidem, p. 26.
[18] Freud, S. "Le problème économique du masochisme". In: Freud, S. *Névrose, psychose et perversion*. Op. cit.

Não existiria para Freud, nesse contexto teórico, um *masoquismo originário*, isto é, que não fosse proveniente de um sadismo anterior. Este seria sempre originário, e aquele secundário. Posteriormente, em "O problema econômico do masoquismo", Freud transformará radicalmente essa interpretação, sustentando a existência do masoquismo primário e enunciando que o sadismo seria sempre secundário.[19] Para essa mudança radical de perspectiva teórica, foi necessária a constituição de um novo dualismo pulsional, desde "Além do princípio do prazer", pelo qual a pulsão de morte se evidenciaria originariamente pela produção do masoquismo originário.[20,21]

Além disso, no segundo movimento evidenciado pelo circuito pulsional, o que estaria em pauta não seria o masoquismo propriamente dito, mas a figura clínica da *neurose obsessiva*. Existiria aqui um retorno da pulsão sobre a própria pessoa sem que houvesse a submissão do sujeito a uma posição de passividade face a um outro. Vale dizer, o sujeito se atormentaria, pela via da *autopunição*, mas não se colocaria numa posição masoquista. Enfim, o que caracterizaria a neurose obsessiva seria a realização daquela punição e não o gozo propriamente masoquista, que se realizaria no movimento seguinte do circuito de pulsão.[22]

---

[19] Ibidem.
[20] Ibidem.
[21] Freud, S. "Au-delà du principe du plaisir". In: Freud, S. *Essais de psychanalyse*. Op. cit.
[22] Freud, S. "Pulsion et destins des pulsions". In: Freud, S. *Métapsychologie*. Op. cit., p. 27.

Além disso, é preciso destacar que seria apenas na montagem final do sadismo que a pulsão manifestaria a pretensão de *humilhar* e *dominar* o outro, além de lhe *infligir dor*. Porém, isso não seria o imperativo no sadismo originário. Com efeito, o que se pretende originariamente é afirmar a potência do ser, que mesmo que se realize pela violência não busca nem infligir dor ao outro nem tampouco dominá-lo e humilhá-lo. Seria apenas pela passagem do sujeito pela posição masoquista, posteriormente, que o movimento sádico inicial seria transformado, visando provocar dor no outro conjugado com a sua humilhação e dominação. Enfim, apenas na *posterioridade* essa transformação pulsional ocorreria, mas inscrita no registro do fantasma.[23]

Isto aconteceria porque a pulsão busca apenas o prazer e a diminuição do desprazer na sua volúpia pela afirmação da vida. A dor, acompanhada pela humilhação e pela dominação infligidas ao outro, apenas se constituiria como um efeito colateral e um desvio do percurso pulsional, produzindo uma mudança do alvo a ser atingido pelo movimento da pulsão. Dessa forma, por essa produção derivada e inesperada, a dor poderia ser articulada à busca do prazer, conjugada com a dominação e a humilhação do outro, mas seria já uma construção fantasmática, montada na posterioridade do movimento pulsional originário.[24]

O que se pode extrair ainda, de importância teórica, da descrição do circuito da pulsão parcial no caso do par de opostos sadismo/masoquismo? Uma reflexão sobre o lugar

---

[23] Ibidem.
[24] Ibidem.

da linguagem, igualmente presente na interpretação dos pares seguintes.

Assim, é possível comparar os diferentes movimentos da pulsão com o *tempo verbal*, articulado pela *gramática* e pela *sintaxe*. Com efeito, se a finalidade ativa da pulsão pode ser comparada à *voz ativa* do verbo, assim como o alvo passivo da pulsão com a *voz passiva,* o que ocorreria na neurose obsessiva se inscreveria na *reflexão da voz* ou *voz reflexiva*.[25] O que implica dizer que Freud concebe os diferentes movimentos presentes na pulsão como uma gramática e uma sintaxe, enunciando então a existência de uma *gramática pulsional* e de uma *sintaxe pulsional*. Com isso a voz ativa, presente no movimento pulsional, não passaria diretamente à voz passiva mas seria mediada pela voz reflexiva.

A formulação teórica de Freud aqui, na leitura da gramática e da sintaxe da pulsão, é similar ao que realizou na leitura do delírio de ciúmes, na sua interpretação do caso Schreber. Nesse contexto, com efeito, o discurso freudiano realizou uma leitura rigorosa das diversas formações delirantes, indicando a mudança que ocorreria no alvo da pulsão ou no objeto desta. Assim, as diferentes formações delirantes seriam transformações de uma mesma estrutura fundamental e invariante, na qual as variações seriam devidas às transformações do alvo e do objeto da pulsão.[26]

---

[25] Ibidem.
[26] Freud, S. "Remarques psychanalytiques sur l'autobiographie d'un cas de paranoïa (Dementia paranoides). (Le President Schreber)". 3ª parte. In: Freud, S. *Cinq psychanalyses*. Op. cit.

Essas, contudo, foram comparadas à estrutura da *frase* e da *proposição*, nas quais os seus diversos elementos (sujeito, verbo e predicado) se transformariam nas diferentes formas e variações assumidas pelo delírio do ciúme.

Exibicionismo e voyeurismo

O exibicionismo/voyeurismo seria marcado no circuito da pulsão de maneira *quase* similar ao que ocorre no par sadismo/masoquismo. Digo "quase" pois existiria nele um movimento de circuito pulsional aparentemente inexistente no sadismo/masoquismo.

Freud supõe então a existência de um *movimento preliminar* no par exibicionismo/voyeurismo, que se caracterizaria por um *autoerotismo originário*, anterior ao desdobramento originário da pulsão do olhar em direção ao exterior e ao outro como estrangeiro ao próprio corpo. Assim, a pulsão de olhar enxergaria uma zona erógena e seu órgão correlato de maneira que o próprio sujeito olharia seu corpo. Se o movimento ativo e voyeurístico estaria inscrito no movimento de olhar uma parte do órgão do próprio corpo pelo sujeito, o movimento passivo e exibicionista estaria presente no sujeito ao ser olhado pelo órgão/zona erógena.[27]

Esse movimento preliminar na oposição olhar/ser olhado supõe a existência e a presença do olhar da mãe di-

---

[27] Freud, S. "Pulsions et destins des pulsions". In: Freud, S. *Métapsychologie*. Op. cit.

rigido ao infante. Seria pelo cuidado materno que o olhar se deslocaria sobre o corpo do infante.

Os movimentos seguintes retomariam os três movimentos presentes na sequência do par sadismo/masoquismo, como já se viu anteriormente. Assim, o voyeurismo como atividade se dirigiria inicialmente a um objeto estranho e não mais à zona erógena/órgão do próprio corpo. Em seguida, tal objeto estranho seria abandonado por outro, presente no próprio corpo, de forma que o movimento ativo se tornaria passivo. Com isso, o alvo não seria mais o movimento de olhar, mas ser olhado pelo outro. Finalmente, o ser olhado buscaria outro sujeito, estranho, para ser olhado por esse.[28]

A sintaxe e a gramática do circuito da pulsão se tornariam aqui diferentes e um pouco mais complexas. Assim, o movimento inicial aqui é o da voz reflexiva (olhar a si mesmo e ser olhado pelo órgão/zona erógena), a que se seguiria a voz ativa (o voyeurismo), outra voz reflexiva (ser olhado por si mesmo) e finalmente a voz passiva no exibir-se passivamente para o olhar do outro, respectivamente.

Freud sugere aqui ainda que não seria impossível supor a existência do dito movimento preliminar nos pares voyeurismo/exibicionismo e sadismo/masoquismo. Nesses casos, esse movimento preliminar estaria representado pelos esforços impotentes e ineficazes do infante em dominar seu próprio corpo pela musculatura. Diante da impossibilidade de exercer este controle sobre si mesmo é que seria possível dizer que a afirmação da potência de ser se enun-

---
[28] Ibidem, p. 28-29.

ciaria finalmente pela violência exercida sobre o outro, como descrevemos.[29]

Ambivalência e coexistência

A leitura acurada desses dois pares pulsionais de opostos indica a Freud uma nova questão teórica. Com efeito, a sequência dos movimentos da pulsão se daria sempre assim, de maneira regular, invariável e linear?

Freud não concorda com isso. A imagem que traça da sequência dos movimentos pulsionais é bem mais complexa, misturando os diversos momentos da sequência da pulsão, de modo a colocar em evidência uma *coexistência* dos diferentes estados do circuito da pulsão.

Dessa maneira, em cada um dos movimentos traçados e efetivamente revelados, apenas uma parte se transformaria no seguinte e assim em diante. As transformações seriam parciais e nunca totais, de forma que os diversos momentos do circuito da pulsão coexistiriam com os anteriores e os posteriores, ao mesmo tempo.

A imagem dessa sequência complexa, marcada pela coexistência de diferentes movimentos e estados pulsionais, poderia ser comparada à irrupção do vulcão; em cada momento do processo seria possível encontrar na composição química e morfológica da lava a presença dos diferentes estados produzidos pela irrupção.[30]

---
[29] Ibidem.
[30] Ibidem, p. 30.

No entanto, se Freud destaca aqui a coexistência dos diferentes movimentos e estágios do circuito da pulsão, não é por um exercício de virtuosismo descritivo fadado à abstração teórica. O que lhe interessa sublinhar é a existência de uma marca psíquica fundamental, que se evidencia na experiência psicanalítica. O que estaria aqui em jogo, nessa coexistência de momentos do circuito pulsional, seria o fundamento daquilo que Bleuler denominou de *ambivalência*, que perpassaria permanentemente a relação do sujeito consigo mesmo e principalmente com o outro.[31]

Em decorrência disso Freud propõe uma hipótese evolutiva, que se relaciona com o *mal-estar* na civilização. Assim, teoriza que nos primórdios da civilização a ambivalência seria bem menor do que depois, porque a atividade da pulsão, isto é, a afirmação da potência do ser, seria bem maior que a passividade no retorno daquela ao próprio sujeito.[32]

Com isso, o mal-estar psíquico seria menor nos primórdios da civilização do que posteriormente, quando os impedimentos e as barragens ao exercício pleno da atividade pulsional teriam aumentado progressivamente. O *mal-estar* na civilização, descrito inicialmente por Freud em "A moral sexual 'civilizada' e a doença nervosa dos tempos modernos"[33] e posteriormente no *Mal-estar na civilização*,[34] seria

---

[31] Ibidem, p. 31.
[32] Ibidem.
[33] Freud, S. "La morale sexuelle 'civilisée' et la maladie nerveuse des temps modernes" (1938). In: Freud, S. *La vie sexuelle*. Op. cit.
[34] Freud, S. *Malaise dans la civilisation*. (1930). Paris: PUF, 1971.

disso decorrente. O incremento da loucura, do crime e da violência, na modernidade, seriam os desdobramentos inevitáveis, enfim, dessas barragens que teriam sido colocadas à plena afirmação e expansão da potência do ser, pela atividade da pulsão que teria sido transformada em passiva.

Genealogia do eu

O último par de opostos a ser trabalhado por Freud no ensaio metapsicológico sobre as pulsões é o que se estabelece entre o *amar* e *odiar*. Seria esse o único caso no qual existiria uma transformação de *conteúdo* e não apenas do alvo e do objeto da pulsão, como nos exemplos anteriores.

Evidentemente, a transposição do amor em raiva, assim como a sua coexistência em face do mesmo objeto, evidencia o exemplo mais importante de que seria a ambivalência do sentimento. Entretanto, é preciso admitir que seria bastante difícil supor a oposição entre o amar e o odiar de acordo com a sequência das pulsões parciais, como ocorreria com os pares sadismo/masoquismo e voyeurismo/exibicionismo. Isso porque o amor é representado comumente como a manifestação da tendência sexual total do sujeito em face do outro e dos seus objetos de satisfação, não sendo, pois, circunscrito à condição de pulsão parcial. A oposição entre o amor e o ódio estaria inscrita nas relações estabelecidas do eu com o outro e o mundo.[35]

---

[35] Freud, S. "Pulsions et destins des pulsions". In: Freud, S. *Métapsychologie*. Op. cit., p. 33.

Porém, para poder se desligar efetivamente do registro da pulsão parcial e transferir-se para o registro do eu, seria necessário passar inicialmente por aquela, para compreender devidamente a constituição da oposição amar/odiar. Esta seria assim um ponto de chegada e um desdobramento de uma longa história pulsional, que se inflectiria finalmente na formação do eu e nas relações complexas deste com o outro e o mundo. Nessa perspectiva, para poder falar da constituição da oposição amar/odiar, o discurso freudiano se volta efetivamente para a constituição de uma *genealogia* do sujeito, na qual a oposição entre amar e odiar seria o seu ponto de chegada e de condensação final. Assim, vejamos.

Antes de mais nada, a oposição amar/odiar não é a única que pode ser estabelecida entre esses dois termos. Rigorosamente, existiriam pelo menos duas outras oposições em pauta. Assim, a oposição *amar/ser amado* e a oposição pela qual o amar e o odiar se oporiam em conjunto à condição da *indiferença* constituíram outras variações possíveis do amar. Dessa maneira, na leitura teórica proposta por Freud o que estaria em questão seria a oposição amar/odiar como o ponto de chegada de uma oposição iniciada pela oposição amar-odiar/indiferença, sendo esta seguida pela oposição amar/ser amado.[36] Seria pelo viés dessa sequência e dessas diferentes oposições, nas suas diversas flexões e inflexões das pulsões parciais, que Freud se proporia a realizar a genealogia do sujeito a que me referi anteriormente.

Assim, na condição originária do ser o que haveria seria a inexistência de qualquer relação desse com o mundo,

---

[36] Ibidem, p. 34.

que seria marcado pela *indiferença*. O que é uma maneira simples de Freud enunciar que originariamente o mundo e o outro não existiriam, de fato e de direito, para o vivente. O que existiria seria apenas o fechamento deste sobre si, sem qualquer abertura para o ambiente.[37]

Entretanto, essa condição originária seria logo rompida pela emergência da pulsão, pela perturbação desprazerosa provocada pelo impulso e pela necessidade. Com isso, a diferença entre o exterior e o interior começaria a ser esboçada, pois seria possível se livrar da excitação pela ação reflexa, mas não da força pulsional, pois esta existiria sempre como força constante e exigência de trabalho. Com isso, o eu assim estabelecido seria denominado por Freud de *eu real originário*.

Ao ser constituído o circuito originário da pulsão, pela oferta dos objetos oferecidos pelo outro, o prazer se constituiria pela mediação da experiência de satisfação assim atingida. Com isso, o psiquismo começaria a considerar que tudo o que seria prazeroso faria parte de si e tudo que fosse desprazeroso não faria parte de si, mas do mundo. Nessa oposição *prazer-meu/desprazer-não meu* começaria a se configurar o *eu narcísico* ou *eu-do-prazer*. O eu-do-prazer se oporia assim ao mundo, marcado sempre pelo desprazer.[38]

Desse modo, a segunda oposição do amar aqui se constituiria da maneira necessária. Assim, se tudo que é bom e prazeroso é meu e sou eu, e se tudo que é desprazeroso é mau e não sou eu, o eu entraria na oposição amar/ser

---

[37] Ibidem.
[38] Ibidem, p. 36-38.

amado, de ordem propriamente narcísica.[39] O mundo seria sempre mau e desprazeroso.

Assim o *amor de si*, de caráter narcísico por excelência e condensado no registro eu-do-prazer, implicaria a relação do eu com as pulsões que lhe oferecessem prazer e satisfação. A isso se oporia o mundo como condensação de ódio e raiva, isto é, raiva de tudo aquilo que seria insatisfatório e desprazeroso.

Entretanto, o *amor do outro* apenas se constituiria, posteriormente, quando o eu pudesse reconhecer que o outro e o mundo pudessem ser também fonte das experiências de prazer e de satisfação, e não apenas o eu narcísico (prazer). Para isso, seria necessária a constituição do *eu realidade* definitivo, que se articularia para Freud com o imperativo da genitalidade[40] e a constituição do princípio de realidade.

Porém a oposição amar/odiar e a ambivalência desses movimentos opostos em face do mesmo objeto existiriam apenas no eu realidade definitivo, de construção bem mais complexa do que o *eu narcísico*.

De qualquer maneira, para o estudo do par de opostos amar/odiar o discurso freudiano teve que realizar a constituição genealógica do sujeito, enunciando as suas diferentes formações antes da constituição do eu realidade definitivo. Para isso criou outras oposições preliminares que estariam inscritas nas formações prévias do eu, para conceber a genealogia entre os registros do amar e do odiar. Do amar-odiar/indiferença ao amar/odiar, existiria assim a oposição amar/

---
[39] Ibidem.
[40] Ibidem, p. 34-42.

ser amado, de marca essencialmente narcísica, como mediação genealógica.

Portanto, se a oposição originária dentro/fora e interior/exterior, estabelecida pela possibilidade/impossibilidade da descarga excitatória e do impulso pulsional, constituiria o *eu real originário*, o *eu narcísico* e o *eu realidade definitivo* seriam formações posteriores do sujeito em íntima relação com o circuito da pulsão. Enfim, em cada uma dessas formações do sujeito uma relação específica entre o amar e o odiar seria enunciada como seu correlato.

O que estaria em pauta, portanto, nessa genealogia do eu pelo discurso freudiano seria o fato de a constituição do eu se fazer sempre pela afirmação da potência do ser face às fontes desprazerosas e perturbadoras no outro e no mundo. O sujeito seria um triunfo do ser em face da inconsistência vital do organismo. Se a constituição do eu realidade definitivo forja um sujeito eminentemente marcado pela *alteridade*, que poderia se deslocar permanentemente do registro do amor de si para o registro do amor do outro, para se atingir esse patamar genealógico seria necessário atravessar os registros do eu real originário e do eu narcísico.

No entanto, esses diversos e diferentes registros do sujeito estariam permanentemente se constituindo, pois se a pulsão seria uma força constante no psiquismo, a sua exigência de trabalho se materializaria e se formalizaria pela constituição permanente desses diferentes registros do eu, ao longo de toda a existência do sujeito. Enfim, esses seriam também destinos da pulsão.

A metapsicologia, como discurso teórico da psicanálise, não seria uma psicologia do desenvolvimento pela qual se procura conceber o ser psíquico de forma regular e evolutiva, como um processo maturativo. O que se disse antes sobre a ambivalência e a coexistência dos diversos momentos do circuito da pulsão já evidenciava isso. A tese sobre a coexistência das diversas modalidades de existência do eu, no funcionamento psíquico, seria apenas o complemento teórico do enunciado anterior.

CONCLUSÃO

Em todo esse desenvolvimento teórico sobre o conceito de pulsão, o discurso freudiano pôde afirmar que as pulsões estariam submetidas a três grandes eixos e polaridades que regulariam o psiquismo. Estas seriam bem diferenciadas, ainda que eminentemente complementares.

No entanto, o que se esboça pelo enunciado dessas polaridades fundamentais que regulariam o ser da pulsão é a dimensão de *complexidade* presente na descrição teórica do aparelho psíquico, que seria necessariamente modelado pelo processo de constituição dos destinos para as pulsões com o imperativo de afirmação do ser em face da insuficiência vital do organismo.

Assim, a polaridade entre os registros da atividade e da passividade seria eminentemente de ordem *biológica*. No entanto, a oposição entre o eu e o mundo exterior seria uma polaridade denominada de ordem *real*. Finalmente, a oposição entre o prazer e o desprazer seria de ordem estritamente econômica.[1]

Empreender uma leitura sobretudo metapsicológica da pulsão, a única que poderia ser efetivamente realizada, aliás, implicaria uma descrição teórica marcada pelo destaque conferido a essas três polaridades e eixos constitutivos

---

[1] Ibidem, p. 43.

do psiquismo. A leitura acurada desses três eixos reguladores do aparelho psíquico marcaria epistemologicamente o discurso da metapsicologia, diferenciando-o do discurso da biologia.

Foi isso o que Freud realizou magistralmente no ensaio "As pulsões e seus destinos" e que procurei explicar aqui, passo a passo, na leitura de um clássico da psicanálise.

BIBLIOGRAFIA

BARRUCAND, D. *Histoire de l'hypnose en France*. Paris: PUF, 1967.

BERNHEIM, M. *L'hystérie: Definition et conception. Pathogénie Traitement*. Paris: O. Donn et fils, 1913.

BICHAT, X. *Recherches physiologiques sur la vie et la mort* (1822). Paris: Flammarion, 1994.

BIRMAN, J. "A biopolítica na genealogia da psicanálise: da salvação à cura". In: *História, Ciência, Saúde — Manguinhos*. Volume 14, n° 2, Rio de Janeiro, abril-junho, 2007.

BOUVERESSE, J. "La théorie et l'observation dans la philosophie des sciences du positivisme logique". In: Chatelet, F. *Le XXe siècle. Histoire de la philosophie*. Volume VII. Paris: Hachette, 1973.

CANGUILHEM, G. "La constitution de la physiologie comme science" (1963). In: Canguilhem, G. *Études d'histoire et de Philosophie des Sciences*. Paris: Vrin, 1968.

_____. "L'idée de médecine expérimentale selon Claude Bernard" (1965). In: Canguilhem, G. *Études d'Histoire et de Philosophie des Sciences*. Paris: Vrin, 1960.

CHARCOT, J. M. *L'hystérie*. Textos escolhidos e apresentados por E. Trilliat. Toulouse: Privat, 1971.

DESCARTES, R. "Méditation. Objections et réponses" (1641). In: *Oeuvres et lettres de Descartes*. Paris: Gallimard, 1949.

FOUCAULT, M. "La psychologie de 1850-1950" (1957). In: Foucault, M. *Dits et écrits*. Volume I. Paris: Gallimard, 1994.

_____. *Le pouvoir psychiatrique*. Cours au Collège de France 1974-1975. Paris: Gallimard/Seuil/Ehess, 2003.

_____. *Les mots et les choses. Une archéologie des sciences humaines*. Paris: Gallimard, 1966.

_____. *Naissance de la clinique. Une archéologie de regard médical*. Paris: PUF, 1963.

FREUD, S. (1886). "Report on my Studies in Paris and Berlin". In: Freud, S. *The Standard Edition of the Complete Psychological Works of Sigmund Freud*. Volume I. Londres: Hogarth Press, 1978.

_____ (1887-1902). "Lettres à Wilhelm Fliess, Notes et Plans". In: Freud, S. *Naissance de la psychanalyse*. Paris: PUF, 1973.

_____ (1888). "Preface to the Translation of Bernheim's Suggestion". *The Standard Edition of the Complete Psychological Works of Sigmund Freud*. Volume I. Londres: Hogarth Press, 1978.

_____ (1891). *Contribution à la conception des aphasies*. Paris: PUF, 1989.

_____ (1891). "Psychical (or Mental) Treatment". In: *The Standard Edition of the Complete Psychological Works of Sigmund Freud*. Volume 2. Londres: Hogarth Press, 1978.

_____ (1894). "Charcot". In: *The Standard Edition of the Complete Psychological Works of Sigmund Freud*. Volume 1. Londres: Hogarth Press, 1978.

_____ (1895). "Esquisse d'une psychologie scientifique". In: Freud, S. *Naissance de la psychanalyse*. Paris: PUF, 1954.

_____ (1896). "Nouvelles remarques sur les psychonévroses de défense". Paris: PUF, 1973

_____ (1896). "L'étiologie de l'hystérie". In: Freud, S. *Névrose, psychose et perversion*. Paris: PUF, 1973.

_____ (1900). *L'interprétation des rêves*. Paris: PUF, 1976.

_____ (1901). *Psychopathologie de la vie quotidienne*. Paris: Payot, 1973.

_____ (1905). "Fragment d'une analyse d'hystérie (Dora)" (1905). In: Freud, S. *Cinq psychanalyses*. Paris: PUF, 1975.

_____ (1905). *Le mot d'esprit et sa relation à l'inconscient*. Paris: Gallimard, 1988.

_____ (1905). *Trois essais sur la théorie de la sexualité* (1905). Paris: Gallimard, 1962.

_____ (1908). "La morale sexuelle 'civilisée' et la maladie nerveuse des temps modernes". In: Freud, S. *La vie sexuelle*. Paris: PUF, 1969.

_____ (1909). "Analyse d'une phobie chez un petit garçon de cinq ans (le petit Hans)." In: Freud, S. *Cinq psychanalyses*. Paris: PUF, 1975.

_____ (1909). "Remarques sur un cas de névrose obsessionnelle (L'homme aux rats)". In: *Cinq psychanalyses*. Paris: PUF, 1954.

_____ (1910). "Le trouble psychogène de la vision dans la conception psychanalytique". In: Freud, S. *Névroses, psychose et perversion*. Paris: PUF, 1973.

_____ (1911). "Remarques psychanalytiques sur l'autobiographie d'un cas de paranoïa (Dementia paranoides) (Le President Schreber)". In: Freud, S. *Cinq psychanalyses*. Paris: PUF, 1975.

_____ (1913). *Totem et Tabou* (1913). Paris: Payot, 1975.

_____ (1914). "Pour introduire le narcissisme". In: Freud, S. *La vie sexuelle*. Paris: PUF, 1973.

_____ (1914). "Remémoration, répetition et élaboration". In: Freud, S. *La technique psychanalytique*. Paris: PUF, 1972.

_____ (1915). "Vue d'ensemble des névroses de transfert". Paris: Gallimard, 1986.

_____ (1915). "Complément métapsychologique à la théorie du rêve". In: Freud, S. *Metapsychologie*. Paris: PUF, 1968.

_____ (1915). "Considérations actuelles sur la guerre et sur la mort". (1915). In: Freud, S. *Essais de psychanalyse*. Paris: Payot, 1981.

_____ (1915). "Pulsions et destins des pulsions". In: *Métapsychologie*. Paris: Gallimard, 1968.

_____ (1915). "Le refoulement". In: Freud, S. *Métapsychologie*. Paris: PUF, 1968.

_____ (1915). "L'inconscient". In: Freud, S. *Métapsychologie*. Paris: PUF, 1968.

_____ (1917). "Deuil et mélancolie". In: Freud, S. *Métapsychologie*. Paris: Payot, 1970.

_____ (1918). "Extrait de l'histoire d'une névrose infantile (L'homme aux loups)". In: Freud, S. *Cinq psychanalyses*. Paris: PUF, 1979.

_____ (1920). "Au-delà du principe du plaisir". In: Freud, S. *Essais de psychanalyse*. Paris: Payot, 1999.

_____ (1920). "Psychogénèse d'un cas d'homosexualité féminine". In: Freud, S. *Névrose, psychose et perversion*. Paris: PUF, 1967.

_____ (1923). "Le moi et le ça". In: Freud, S. *Essais de "psychanalyse*. Paris: Payot, 1981.

_____ (1924). "Le problème economique du masochisme". In: Freud, S. *Névrose, psychose et perversion*. Paris: PUF, 1967.

_____ (1926). *Inhibition, symptôme et angoisse*. Paris: PUF, 1973.

_____ (1930). "Introduction to the Special Psychopathology Number of the Medical Review of Reviews". In: *The Standard Edition of the Complete Psychological Works of Sigmund Freud*. Volume XXI. Londres: Hogarth Press, 1978.

_____ (1930). *Malaise dans la civilisation* (1930). Paris: PUF, 1971.

_____ (1937). "L'analyse avec fin et l'analyse sans fin". In: Freud, S. *Résultats, idées, problèmes* (1921-1938). Volume II. Paris: PUF, 1985.

_____ (1938). *L'homme Moïse et la religión monotheíste*. In: Freud, S. *Trois essais*. Paris: Gallimard, 1986.

_____. *Correspondance*. Cartas 169 e 170. Paris: Gallimard, 1966.

_____ e Breuer, J. (1895). *Études sur l'hystérie*. Paris: PUF, 1971.

GAY, P. Freud: *Uma vida para o nosso tempo*. São Paulo: Companhia das Letras, 1991.

HÉCAEN, H. e Dubois, J. *La naissance de la neuropsychologie du langage* (1825-1865). Paris: Flammarion, 1969.

HÉCAEN, H. e Lanteri-Laura, G. *Evolution des connaissances et des doctrines sur les localisations cérébrales*. Paris: Desclée de Brouwer, 1977.

JONES, E. *La vie et l'oeuvre de Sigmund Freud*. Volume II. Paris: PUF, 1970.

LACAN, J. "Au-delà du principe de realité" (1936). In: Lacan, J. *Écrits*. Paris: Seuil, 1966.

_____. "Le stade du miroir comme formateur de la function du Je" (1949). Paris: Seuil, 1966.

_____. "L'agressivité en psychanalyse" (1948). Paris: Seuil, 1966.

_____. *Les quatre concepts fondamentaux de la psychanalyse. Le Séminaire de Jacques Lacan*. Volume XI. Paris: Seuil, 1973.

LANTERI-LAURA, G. *Histoire de la phrénologie*. Paris: PUF, 1970.

LAPLANCHE, J. e Pontalis, J. B. "Avant-propos des traducteurs". In: Freud, S. *Métapsychologie*. Paris: Gallimard, 1968.

MEOTTI, A. "El empirismo lógico". In: *Historia del pensamento filosófico y científico*. Volume VII. Barcelona: Ariel, 1984.

MESMER, F. A. *Le magnetisme animal*. Paris: Payot, 1971.

POLITZER, G. *Critique des fondements de la psychologie* (1928). Paris: PUF, 1968, 3ª edição.

PONTALIS, J. B. "Bornes ou confins". In: *Nouvelle Revue de Psychanalyse*. Número 10. Paris: Gallimard, 1974.

RAUSKY, F. *Mesmer et la révolution thérapeutique*. Paris: Payot, 1977.

STRACHEY, J. "Sexuality in the aetiology of the neuroses" (1896). In: Freud, S. *The Standard Edition of the Complete Psychological Works of Sigmund Freud*. Volume III. Londres: Hogarth Press, 1978.

THORNTON, E. M. *Hypnotism, Hysteria, and Epilepsy: An Historical Synthesis*. Londres: William Heinemann, 1976.

WAGNER, P. "Carnap et la logique de la science". In: Wagner, P. (org.). *Le philosophie et la science*. Paris: Gallimard, 2002.

CRONOLOGIA DE SIGMUND FREUD*

1856: Sigmund Freud nasce em Freiberg, antiga Morávia (hoje na República Tcheca), em 6 de maio.
1860: A família Freud se estabelece em Viena.
1865: Ingressa no *Leopoldstädter Gymnasium*.
1873: Ingressa na faculdade de medicina, em Viena.
1877: Inicia pesquisas em neurologia e fisiologia. Primeiras publicações (sobre os caracteres sexuais das enguias).
1881: Recebe o título de doutor em medicina.
1882: Noivado com Martha Bernays.
1882-5: Residência médica no Hospital Geral de Viena.
1885-6: De outubro de 1885 a março de 1886, passa uma temporada em Paris, estagiando com Charcot no hospital Salpêtrière, período em que começa a se interessar pelas neuroses.
1884-7: Dedica-se a estudos sobre as propriedades clínicas da cocaína, envolve-se em polêmicas a respeito dos efeitos da droga.
1886: Casa-se com Martha Bernays, que se tornará mãe de seus seis filhos.
1886-90: Exerce a medicina como especialista em "doenças nervosas".

---

* Os títulos assinalados em negrito marcam os livros que integram a coleção Para Ler Freud

1892-5: Realiza as primeiras pesquisas sobre a sexualidade e as neuroses; mantém intensa correspondência com o otorrinolaringologista Wilhelm Fliess.

1895: Publica os *Estudos sobre a histeria* e redige **Projeto de psicologia para neurólogos**, que só será publicado cerca de cinquenta anos depois.

1896: Em 23 de outubro, falece seu pai, Jakob Freud, aos oitenta anos de idade.

1897-9: Autoanálise sistemática; redação de **Interpretação dos sonhos**.

1899: Em 15 de novembro, publicação de *Interpretação dos sonhos*, com data de 1900.

1901: Em setembro, primeira viagem a Roma.

1902: Fundação da Sociedade Psicológica das Quartas-Feiras (que em 1908 será rebatizada de Sociedade Psicanalítica de Viena). Nomeado professor titular em caráter extraordinário da Universidade de Viena; rompimento com W. Fliess.

1903: Paul Federn e Wilhelm Stekel começam a praticar a psicanálise.

1904: **Psicopatologia da vida cotidiana** é publicada em forma de livro.

1905: Publica *Três ensaios sobre a teoria da sexualidade*, *O caso Dora*, *O chiste e sua relação com o inconsciente*. Edward Hitschmann, Ernest Jones e August Stärcke começam a praticar a psicanálise.

1906: C. G. Jung inicia a correspondência com Freud.

1907-8: Conhece Max Eitingon, Jung, Karl Abraham, Sándor Ferenczi, Ernest Jones e Otto Rank.

1907: Jung funda a Sociedade Freud, em Zurique.

1908: Primeiro Congresso Psicanalítico Internacional (Salzburgo). Freud destrói sua correspondência. Karl Abraham funda a Sociedade de Berlim.

1909: Viagem aos Estados Unidos, para a realização de conferências na Clark University. Lá encontra Stanley Hall, William James e J. J. Putman. Publica os casos clínicos *O homem dos ratos* e **O pequeno Hans**.

1910: Congresso de Nurembergue. Fundação da Associação Psicanalítica Internacional. Em maio, Freud é designado membro honorário da Associação Psicopatológica Americana. Em outubro, funda o *Zentralblatt fur Psychoanalyse*.

1911: Em fevereiro, A. A. Brill funda a Sociedade de Nova York. Em maio, Ernest Jones funda a Associação Psicanalítica Americana. Em junho, Alfred Adler se afasta da Sociedade de Viena. Em setembro, realização do Congresso de Weimar.

1912: Em janeiro, Freud funda a revista *Imago*. Em outubro, Wilhelm Stekel se afasta da Sociedade de Viena.

1912-14: Redige e publica vários artigos sobre técnica psicanalítica.

1913: Publica **Totem e tabu**.

1913: Em janeiro, Freud funda a *Zeitschrift fur Psychoanalyse*. Em maio, Sándor Ferenczi funda a Sociedade de Budapeste. Em setembro, Congresso de Munique. Em outubro, Jung corta relações com Freud. Ernest Jones funda a Sociedade de Londres.

1914: Publica **Introdução ao narcisismo**, *História do movimento psicanalítico* e redige o caso clínico *O* *homem dos lobos*. Em abril, Jung renuncia à presidência da Associação Internacional. Em agosto, Jung deixa de ser membro da Associação Internacional.

1915: Escreve o conjunto de artigos da chamada metapsicologia, nos quais se incluem **As pulsões e seus destinos**, **Luto e melancolia** (publicado em 1917) e **O inconsciente**.

1916-7: Publicação de *Conferências de introdução à psicanálise*, últimas pronunciadas na Universidade de Viena.

1917: Georg Grodeck ingressa no movimento psicanalítico.

1918: Em setembro, Congresso de Budapeste.

1920: Publica **Além do princípio do prazer**, em que introduz os conceitos de "pulsão de morte" e "compulsão à repetição"; início do reconhecimento mundial.

1921: Publica *Psicologia das massas e análise do ego*.

1922: Congresso em Berlim.

1923: Publica *O ego e o id*; descoberta de um câncer na mandíbula e primeira das inúmeras operações que sofreu até 1939.

1924: Rank e Ferenczi manifestam divergências em relação à técnica analítica.

1925: Publica *Autobiografia* e *Algumas consequências psíquicas da diferença anatômica entre os sexos*.

1926: Publica *Inibição, sintoma e angústia* e *A questão da análise leiga*.

1927: Publica **Fetichismo** e *O futuro de uma ilusão*.

1930: Publica **O mal-estar na civilização**; entrega do único prêmio recebido por Freud, o prêmio Goethe de literatura, pelas qualidades estilísticas de sua obra. Morre sua mãe.

1933: Publica *Novas conferências de introdução à psicanálise*. Correspondência com Einstein publicada sob o título de *Por que a guerra?*. Os livros de Freud são queimados publicamente pelos nazistas em Berlim.

1934: Em fevereiro, instalação do regime fascista na Áustria, inicia o texto *Moisés e o monoteísmo*, cuja redação e publicação continuam até 1938-9.

1935: Freud é eleito membro honorário da British Royal Society of Medicine.

1937: Publica *Construções em análise* e *Análise terminável ou interminável*.

1938: Invasão da Áustria pelas tropas de Hitler. Sua filha Anna é detida e interrogada pela Gestapo. Partida para Londres, onde Freud é recebido com grandes honras.

1939: Em 23 de setembro, morte de Freud, que deixa inacabado o *Esboço de psicanálise*; seu corpo é cremado, e as cinzas, colocadas numa urna conservada no cemitério judaico de Golders Green.

OUTROS TÍTULOS DA COLEÇÃO PARA LER FREUD

A interpretação dos sonhos — A caixa preta dos desejos, por John Forrester

Além do princípio do prazer — Um dualismo incontornável, por Oswaldo Giacoia Junior

As duas análises de uma fobia em um menino de cinco anos: O Pequeno Hans — A psicanálise da criança ontem e hoje, por Celso Gutfreind

Luto e melancolia — À sombra do espetáculo, por Sandra Edler.

O complexo de Édipo — Freud e a multiplicidade edípica, por Chiam Samuel Katz

Este livro foi composto na tipografia
Berkeley, em corpo 11/14,5, e impresso em
papel off-white no Sistema Digital Instant Duplex
da Divisão Gráfica da Distribuidora Record.